ルイ=アルチュセール

# アルチュセール

● 人と思想

今村 仁司 著

56

CenturyBooks 清水書院

# 序——読者へ

私は、この書物のなかで、フランスのマルクス主義者にして哲学者であるルイ＝アルチュセール(Louis Althusser 1918– )の思想について語りたいと思います。

アルチュセールはマルクス主義者ですから、かれについてお話する場合には、話の重点が否応なくマルクス主義思想におかれるでしょう。ただ注意していただきたいのですが、「マルクス主義」というと、ひとつにまとめあげられた思想体系があるかにきこえますが、実はそんなものはありません。実際にあるのは、多くの国々の、異なった「マルクス主義」があるのです。例えば、ロシアのマルクス主義、中国のマルクス主義、フランスのマルクス主義、といった具合です。

ですから、ここでアルチュセールとともにマルクス主義を語るときには、当然フランスのマルクス主義の現況が問題になってきます。フランスにおいては、他の国々と同様に、ひとつのマルクス主義があるのではなく、いくつかのマルクス主義が競いあって並存しています。もっと正確に言いますと、いくつかのマルクス主義についての解釈や理解の仕方が対立しあっているといったらよいでしょう。こういうなかで、アルチュセールは自分のマルクス主義を力強くおし出し、他の論者との論争にまきこまれていきます。というより、すでにあるいくつかのマルクス主義解釈にたいしてたたかいをいどんだといってよいでしょう。なぜ、かれはたたかいをいどんだのか、このことを理解しておかねばなりません。なぜかと言いますと、アルチュセールは自分の思想をおし出すにさいして、いつも論争的な形をとったからですし、論争的であるかぎりは、論争のテーマをできるだけはっきりと知っておく必要があるからです。第Ⅰ章と第Ⅱ章でこの問題を解説することにします。

ところで、マルクス主義とは、何よりもまずマルクスの思想です。マルクスの思想である以上、マルクスとはどんな考え方をしたのか、どういう社会的・政治的実践をしたのかが理解されなくてはなりません。先ほどマルクス主義についての解釈について申したことは、狭くとれば、そしてこれが肝心なことですが、マルクスについての解釈なのです。ですから、アルチュセールについて語るときも、マルクス主義をめぐる論争に触れるときにも、いつもマルクスの思想が焦点になるわけです。

結局、アルチュセールは、マルクスの思想を現代に生きかえらせるために、マルクスの思想にたいして新しい読み方や考え方を提案したといってよいでしょう。かれの新しい読み方・新解釈なるものが、受け入れうるものかどうかは、マルクスとアルチュセールをよむ人々の、そして皆さんの、考え方次第です。何ごとも丸のみはいけません。マルクスにたいしてもアルチュセールにたいしても、また広くどんな思想家にたいしても、私たちは批判的に読む態度をとらねばなりません。

こういう批判精神は、マルクスも教えてくれますが、ここで扱うアルチュセールそのひとがきびしく要求しているものです。

世の中には、「誰それいわく」を乱発して、いわく「……」と引用された文章の中味を全く吟味せず、あたかも完全な「真理」であるかのように読者におしつける人々がいます。マルクス主義者のなかにもこうした類いの引用主義者がおりまして、マルクスいわく、レーニンいわく、スターリンいわく、と書きつらねる人々がいます。かれらは、例えばマルクスからひいた文章が本当に有意義なものかどうかを批判的に吟味せず、マルクスの文章であればどれもこれも「真理」だと主張しようとします。あまつさえ、相対立する文章や命題を何とかつじつまを合せようと無意味な努力をしてくれています。こういうのは、批判的でも科学的でもありません。

アルチュセールは、批判的態度に極端にまで厳しく忠実であろうとするひとです。近年のマルクス主義者のうちで、アルチュセールほど「厳密さ」「厳密な……」をくりかえしたひとはいないと思われます。勿論、コトバの上で「厳密」とか「批判的」ないし「科学的」をくりかえすだけでは何ほどの意味もありません。それを実行するのが肝心なことです。アルチュセールは実際にそれを実行しようとしました。単にマルクスいわくを反復するのではなくて、マルクスの文章をきびしく批判的吟味にさらし、同時にそのなかからマルクスの思想の別様の読み方とマルクスの思想的可能性をひきだしてくる、というやり方を実行します。マルクスはこうも読みうる、というおもしろさを味わわせてくれるのがアルチュセールのとくに興味深いところです。この操作の具体的な姿については、本論にゆずります。右のようなアルチュセールの思索態度をさしあたって念頭においていただきたい。

ルイ＝アルチュセールは現在生きて活躍しているひとですから、ヘーゲルやマルクスのように興味深い伝記的事実が知られているわけではありません。伝記は、すでに遠く過去のひとになった重要な思想家について書かれることが多いのです。生きて活躍している思想家たちの場合には、伝記よりも今かれが提出しつつある思想や理論こそ重要なのです。かれらと対話したり、かれらを批判したり学んだりすることによって、ただ今現在の私たちが自分を育て上げるよすがとすることができるからです。この書物でも、こうした意味で、アルチュセールの提出している理論や思想を前面におし出し、それらを中心にして話をすすめることにします。

ここで、簡単に、アルチュセールの経歴を記しておくことにします。

ルイ＝アルチュセールは、一九一八年生れで、エコール－ノルマル－シュペリウール（高等師範学校）に学びます。エコール－ノルマルという学校は、小人数の秀才学校で、エコール－ポリテクニクやエコール－ミリテールが高級官僚や高級軍人を育てるのと同じく、特権的な知識人を教育する学校です。ロマン＝ロランやジッドからサルトルやメルロ＝ポンティなどもこの学校の出身です。この学校はアルチュセールのようなマルクス主義派の知識人をも輩出しています。アルチュセールは若き日に第二次大戦に会い、戦争に召集されています。戦後、学究としての生活に戻り、ガストン＝バシュラール（Gaston Bachelard 1884—1962）の指導の下にヘーゲル哲学や科学哲学、一八世紀思想史などを研究したように思われます。哲学教授資格試験に合格した後、一九五〇年から現在にいたるまで母校のエコール－ノルマルで哲学を講じています。かれの資格は、教授ではなく、メートル－アシスタン（日本風に言えば講師に当るのでしょうか）というのです。ついでに申し添えておきますと、このエコール－ノルマルにはもうひとり有名な哲学教師がいまして、その名はジャック＝デリダ（Jacques Derrida 1930— ）と言います。近年フランスでも日本でもデリダの声名は高く注目されてきていますが、かれはマルクス主義に無理解ではないのですが、エドムント＝フッサールやマルティン＝ハイデガーについての鋭い研究と批判で知られ、今や独自の哲学的境地を切りひらきつつあるようです。現今のエコール－ノルマルの哲学学生は、アルチュセールとデリダの「弟子」であるといってよいほどです。デリダとその弟子たちについてはさておくとして、アルチュセール門下から、いく人かのすぐれたマルクス主義の若き知識人が出てきております。

このように、ルイ＝アルチュセールは、現に生きて活躍中の思想家です。直接・間接の弟子たちの仕事を含めてみれば、かなり大きなアルチュセール学派が形成されているといってよいでしょう。この学派は、今や、国境を越えた広がりをもっています。思想の歴史のなかに登場したどんな思想集団にもみられることですが、アルチュセール学派も内部に対立や論争をかかえており、ふくらんだり、しぼんだりしております。場合によっては、今後、歴史的役割を終えて解体することもありえます。しかし、この学派のこれまでの仕事ぶりを全体としてみるならば、やはりそれはひとつの思想上の注目すべき事件でありましたし、これからも当分そうでありましょう。そのような意味で、アルチュセール学派の思想に注目したいのです。

本書は、アルチュセール学派の全体を扱うものではありません。この学派の祖たるアルチュセールの思想と仕事に焦点をあてます。そして、アルチュセールの思想を通して、現代に生きるマルクス主義の思想的可能性をたしかめてみることが、本書の意図するところであります。

なお、本書はアルチュセールの思想の背景にも多くのページを割いておりますが、アルチュセールの思想とともに、ひとつの社会思想入門書として読んでいただければ幸甚です。

# 目次

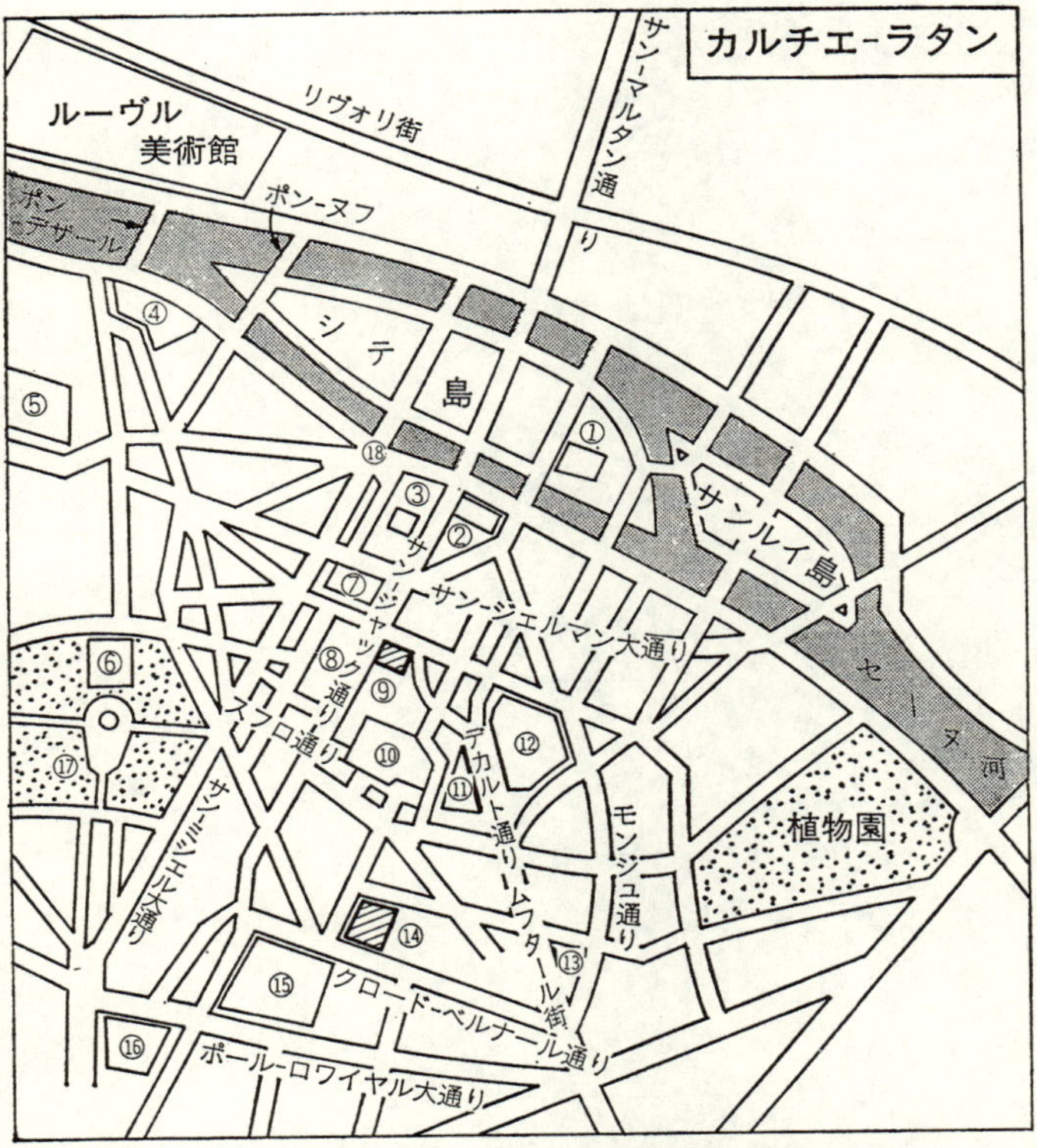


①ノートルダム大聖堂
②サン-ジュリアン-ル-ポーヴル教会
③サン-セヴラン寺院
④フランス学士院
⑤サン-ジェルマン-デ-プレ聖堂
⑥リュクサンブール宮殿
⑦クリューニー美術館
⑧ソルボンヌ
⑨コレージュ-ド-フランス
⑩パンテオン
⑪サンテチエンヌ-デュ-モン教会
⑫理工科学校
⑬サン-メダール聖堂
⑭エコール-ノルマル
⑮旧ヴァル-ド-グラース修道院
⑯旧ポール-ロワイヤル尼僧院
⑰リュクサンブール公園
⑱サン-ミシェル広場

# I

# アルチュセールの課題

# 思想の経験

## 青春時代

哲学者アルチュセールの思想の中味に分け入る前に、かれをとりまく社会的・思想的環境やかれの経験に間接的ながらふれておきたい。外廻りの事どもがしばしばある思想への適切な入門となることがある。

アルチュセールは現在生きているひとりであるから、かれの伝記的研究などはない。幸いに、かれ自身がしたためた一種の自伝的回想記が小さいとはいえかれの書物のなかに収められているので、これを手がかりにかれの思想形成の外部環境を見定めておくことにしよう。そして、アルチュセールの思想的課題が何であったかを確めておこう。思想の外部環境は、大別して、思想家の社会的・政治的経験と思想家が生い育った思想的伝統とに分かれる。以下、アルチュセールの個人史とフランスの知的伝統とを、かれの評価軸に沿ってながめておきたい。

アルチュセールの青春時代は、はなから戦争の時代であった。私たちの父親・母親の青春時代が戦争であけくれたのと同様である。この個人史上の時期は、多くの人々にとっていまわしいことだが、誰にも避けることのできないきびしい現実である。そこから何を自分の経験として内部に沈澱《ちんでん》

エコール－ノルマルの中庭

させるか、これはすでにひとつの思想的課題である。

アルチュセールはこういっている。

「歴史。それは、人民戦争とスペイン戦争いらい、われわれの青春を奪い、ごく短い大戦のあいだに、事実による恐ろしい教育の傷痕をわれわれに刻みつけた。それは、われわれが世の中に出るや否や、不意にわれわれを襲った。それは、われわれのようなブルジョアや小ブルジョア出身の学生を、階級の存在、階級闘争、およびそれに何が賭《か》けられているかを教えこまれた人間につくりかえた。」

ここには、簡潔な事実の確認がある。重々しい社会的経験という事実、思想への出発点という事実。そこからどのような結論をひきだすか。この青年にとってはきわめて自然に「労働者階級の政治組織、つまり共産党に接近した。」

### 共産党への参加

こうして、青年アルチュセールは、フランス共産党員として、戦後の混乱と激動の時期を生きることになる。戦前と戦中に思想家として、文学者として地歩を固めたJ・P・サルトル（Jean-Paul Sartre 1905―80）やアンドレ＝マルロー（Andre Malraux 1901―76）などよりも一世代後の世代に属するアルチュセールは、戦争期も戦後期も、一兵卒として、政治の一兵卒として生きたことだろう。党員たるかぎり、党の指令と方針に忠実に活動しなければならない。たとえ、方針と指令に疑いがあってもそうしなければならない。この時期を「あらゆる隠れ場から過誤を狩り出す武装した知識人の時代」とアルチュセールは言っている。知識人とか哲学者といっても、本来の仕事にたずさわったわけでなく、ただひたすら「政治」を実践していたのである。知識人の顔をした政治家になっていたわけである。

**ルイセンコ論争**　実践の尺度、つまり敵と味方を分けへだてる線は、「ブルジョア派かプロレタリア派か」の合いコトバに尽きる。それは「階級という仮借《かしやく》ない切り口で、芸術、文学、哲学、科学など、世界を裁断する哲学者の時代」であった。科学についても「ブルジョア科学かプロレタリア科学か」が旗印になっていた時代なのである。こうしたことは、フランスにかぎったことでなく、ソ連、中国はもとよりヨーロッパ諸国で、また日本でもくりかえし見られた風景であった。

この時期の思想的事件として最も有名なものは、ソ連のルイセンコの「生物学」をめぐる国際的なルイセンコ論争である。論争の焦点は、小麦の遺伝が環境に左右されるかどうか、ということであった。ルイセンコは、環境によって変化した性質がそのまま次の世代に伝わるという「唯物論的」学説を提出し、一世を風靡《ふうび》した。伝統的なメンデル学説はソ連では否定され、この学説はスターリンの政治的支えによってソ連の支配的な「国定」学説へと上昇させられた。もちろん、現在では、ルイセンコ学説などは過去のものとなったが、マルクス主義の歴史のなかでは真に過去のものとなっているかは、それほどはっきりしていない。重要なことは、この「誤謬」が、科学的に判定されず、政治的に決着をつけられたということである。あれほど多くのマルクス主義知識人が「賛成」し、この「誤り」を「真理」へと変えるために「理論的根拠づけ」を提出したのであるが、それに対してマルクス主義はどのような科学的自己批判と清算をやったのか。マルクスの思想の名の下に、こうした致命的失敗をした以上、この失敗の吟味が科学的にも哲学的にもなされていないことほど、致命的なことはないであろう。

ここには、二つの問題が伏在している。ひとつは、マルクス主義の科学的諸理論の不在、もうひとつは、ロシアーマルクス主義の一変種――現代マルクス主義の支配的形態――としての「スターリン主義」の問題、である。どちらの問題も、ただ今現在の世界のなかに実在するマルクス主義のなかで、十分に批判的に吟味されつくしているわけではなく、避けてとおることのできない課題になっている。アルチュセールのごく簡潔な回想記のなかでも、この事実がよみとれる。そして、アルチュセール自身、この二つの問題をめぐって新しい一歩をふみ出していったといえるのである。

## 左翼小児病

今少しアルチュセールの回想についていこう。真理基準として「ブルジョア派かプロレタリア派か」という階級線しかもてない人々は、この基準でバッタバッタと「敵」を——味方も——なぎたおしていくのだから、相当いい気なものだ。未来にどんな希望を描いているにせよ、基準とかスローガンが単純であればあるほど、ふりまわしやすい。それは、冷静な醒《さ》めた精神がなせる業ではなく、何かにつかれ酔えるひとのやる仕事だ。「われわれは熱狂と確信の年代にいた」、「敵の攻撃に耐えるために、罵《ののし》りの言葉を発しながら生きていた」とアルチュセールは想いおこしている。こういうのを、理論的左翼主義とか左翼小児病という。アルチュセールの証言によれば、フランスでは、若き知識人だけがこの左翼小児病にかかっていたのではない。指導層もまたこの小児病をおしとどめるどころか、黙認という形で、この病気を流行させていた。

ロシアーマルクス主義の歴史についての客観的な知識があったわけでなく（マルクス主義者は今でも十分もっていないが）、レーニンやスターリンの仕事（理論と実践の両面での）の入念な研究があったわけでもない。すべては、眼の前の政治の動きにひきずられ、政治というドサクサのなかでうごめくほかはなかった。「スターリン主義」なるコトバもずっと後のことなのだ。こういう無知のままでの熱狂主義と確信主義が、フランスのみならず全世界のマルクス主義者の実態であったようだ。

**若きマルクスのヒューマニズム**

当時、大戦直後の一時期、フランスでは、若きマルクスの著作がもてはやされた。若きマルクスといえば、一八四四年の『経済学・哲学草稿』のマルクスを指す。そこでは、人間の本質や疎外が語られ、この書物は人間主義（ヒューマニズム）のバイブルに思われていた。なぜそれほどもてはやされたのか。余りに歴史の必然性を強調されるとひとは自己の「主体的自由」を見出す余地がないと感ずるものだし、マルクスが鉄の必然性の主張者だとすれば、マルクス主義に参加する主体的動機がでてこない、という主観的感情が自然に生れる。ところが、若きマルクスは、実存哲学者ではないかと思われるほどに、主体性を強調しているではないか。これなら、マルクスに近づくことができる、という「発見」があっただろう。

　こうして、フランスでも日本でも「主体性」の哲学が流行する。とりわけ、フランスでは、サルトルなどが実存主義とマルクス主義とを接合する試みをはじめ出していたし、サルトルにかぎっていえば、戦後期のサルトルの特徴は、マルクス主義への接近であった。そのような状況で、若きマルクスの書物はおそらく左翼知識人のなかで熱狂的に迎え入れられ、むさぼり読まれただろうと想像できる。

　アルチュセールも御他聞にもれず若きマルクスに熱中したようだ。かれはこんなことをいっている。

「われわれはマルクスの円熟期のテキストの文章そのものを知らず、マルクスの初期の著作のイデオロギーの炎のなかに、われわれ自身の燃えるような情熱をふたたび見出すことにあまりに心を急がれ、またあまりに幸福であった。」

若きマルクスの著作は、冷静に精密に研究され理解されたのではなく、ただ情熱のはけ口に利用されたにすぎないかのようだ。それは、政治主義の時代のひとつの歴史的結果であった。若きマルクスを深く研究することは、老マルクスの達成した仕事の水準を理解するのにきわめて重要な役割を果たすはずであるが、政治主義とスターリン主義の時代にはそうした地味な研究は許されるはずもなかったし、やるひとがいても、異端のレッテルをはられるか、ブルジョア派として断罪されるかしたことであろう。アルチュセールはつぎのような痛切な反省のことばをはいている——「あのときわれわれは、物を知る、つまり何物かを生みだすために研究に専念する、われわれの権利と義務をも同じく擁護すべきであったのだ。」このような時代は、どの国の誰にとっても不幸な時代である。

**フランス知識人の負い目**

目前の政治的課題の追求のためには、他のあらゆることを犠牲にするという政治主義のために、多くの若き学徒がエネルギーをすりへらしていったのは事実である。しかし、知識人たちは、ただ単にスターリン主義的政治主義に小羊のごとくひっぱり廻わされただけではない。もうひとつの「主観的」側面がある。フランスに限らないけれども、とりわけフランスの知識人にみられるひとつの特徴がある。ブルジョアや小ブルジョア出身の知識人に特有のメンタリティが、かれらを政治においこみ、精根をすり減らして雑務に没頭させたのである。すべての知識人ではないが、少なくとも左翼知識人の心の動きについて、アルチュセールはこうのべている。

「当時、党に入ってきた小ブルジョア出身の知識人たちが、みずから負っていると考えた、プロレタリアに生れなかったという想像上の《負債》を、政治的行動主義ではないにしても、ともかく純粋な行動によって返済する義務があると感じたというのもまた、わが国の社会史の一特徴である。サルトルは、彼なりのやり方で、われわれのためにこの歴史の洗礼にかんする誠実な証人の役をはたすことができる。われわれもまたサルトルの同類であった。」

富裕な上層階級の子弟が下層階級の状態に心を悩ませ、精神的に負い目をおいつつ、下層のプロレタリアのために尽くすというのは、まことに誠実な心構えである。この種の典型的な模範例は、ロシアのナロードニキにみられるが、フランスではもっとおだやかで人目につかない形で、左翼知識人の心構えになっている。サルトルはかなり大きい声でそれを宣言したようだが、アルチュセールはもっとおだやかに述べている。しかしサルトルやアルチュセールにかぎらず、もっと以前から文学者たちのなかに、こうした態度を見出すこともできよう。ずっとさかのぼれば、一八世紀のヴォルテール（Valtaire 1694—1778）あたりにまでたどることもできるようなフランスの知識人のこういうメンタリティは、おそらくはカトリックの宗教的精神に根っこをもっていると思われる。

**カトリシズムとマルクス主義**　フランス－カトリックには「労働司祭」を生んだ伝統もあるし、近年の例ではシモーヌ＝ヴェーユ（Simone Weil 1909―1943）の「実験」（自ら徹底的にきびしい労働者生活を体験し、この体験のなかで世界のつくりなおしと魂の救いを考えぬくという実験的経験）もある。

上流階級出身の知識人は、ほとんど例外なく、カトリシズムの深く濃い宗教的雰囲気で生い育っているだろうから、下層階級への「同情」とか「負い目」も、社会主義思想をうけいれてからというよりも、いわば生れながらのキリスト教精神、宗教的動機から出ていると見た方がよい。左派知識人の思想を語るとき、カトリック的な宗教性の問題は表面からおちるのがふつうであるが、根深くフランス文化にしみこんでいるキリスト教を無視するわけにはいかない。

日本では、かつて「転向」現象が問題になり、日本のマルクス主義者や左派自由主義者の天皇主義への思想転向がきびしく追及されたことがある。フランスでも似たようなことがある。例えば、かつて忠実な共産党員であり、だからガンコなスターリン主義者でもあったひとりの哲学者は、いつからか「人間主義」者になり、ついにはカトリック信者に転向して、マルクス主義とキリスト教との調停を説教するようになった。この転向は、厳密にいえば、再転向である。なぜなら、かつてまじめなクリスチャンであったひとが、「転向」してマルキストになり、再びクリスチャンになったのだから。元のなつかしいカトリックの宗教的雰囲気に戻って安心立命する、というのがフランスの転向現象であろう。だから、マルクス主義にとって大きな対立思想とは、キリスト教＝カトリックといえるだろう。

もとにもどって、先ほどのプロレタリアへの《負債》という誠実な態度は、まずは宗教的動機に出るといってまちがいない。アルチュセールも同じカトリックの宗教的環境から出たと思われるが、かれは、カトリックからマルクス主義への第一の転向をやりとげたのである。無神論者になったからといって、神の存在から目を離せるわけではない。マルクス主義的無神論者は、たえずカトリック的有神論とのたえざる対立・緊張を生きなくてはならない。有神論者も、無神論者にまけず劣らず、いやそれ以上に、下層階級への《負債》を返済しているのだから、どちらがよく「返済」できるかは、日々の行動、政治行動などのなかで試される。それだけに、マルクス主義の知識人たちは、とくに戦後の政治的激動のなかでは、自分たちの特権的職務を放棄しても、政治行動に奔走することもありうるわけである。純粋に政治そのものにとびこむのではなくても、知識人の仕事（書物や論文をかくことなど）のレベルでも政治主義的にやることだってありうる。誠実であればあるほど政治主義に走ることは、よくあることだ。

アルチュセールをもふくむ若きマルクス主義哲学者たちは、当時、哲学者として何をやっていたのか。哲学者として哲学するのではなく、党のために哲学を語るのであり、古典から有名な引用句をひきだし、その引用句に気のきいた解釈をほどこして党員内部にうけいれやすいようにする、つまり時々の党の方針に合うように適当な文句をマルクスやレーニンから、あるいはスターリンから借りてくる役目を果たすのである。要するに、哲学者とは名ばかりで、党のための御用学者であり、パンフレット作者になるわけである。

## 党員哲学者の運命

科学者たち、歴史家たち、文学者たちは、事態がまずいと思えばいつでも自分の本職に戻って逃げることができるが、「哲学者には逃げ道はなかった。」なぜといって、党員哲学者の存在理由は、党の方針に忠実に哲学をでっち上げることであり、それ以外の職務はなかったからである。党員知識人のうちで、哲学者だけが憂目をみる。科学者はマルクス主義者だからといって、科学的真理をイデオロギー的に歪めるわけにはいかない。科学者たちのあいだでは意思疎通が、対話がありうるが、党員哲学者には、他の党外の哲学者との交流や対話は閉ざされている。政治主義にふりまわされ、同時に党の内外での知識人の間でも孤独であるという二重の不幸が、アルチュセールのようなマルクス主義哲学者たちの運命であった。

「われわれは、世界で唯一の堅い大地に上陸したと、政治的にも哲学的にも信じていた。しかしその大地の存在とその堅固さを哲学的に証明することができなかった。じじつ、われわれはだれ一人、自分の足下に堅い大地を踏みしめてはいなかった。つまり、信念以外のなにものもたなかったのだ。」

### 独断論からの覚醒

つまるところ、かれらマルクス主義の知識人たちは信念だけで生きていたのだ。マルクス主義だけが唯一の真理だという信念と信仰、それこそ「独断論」であり、独断論の空虚さである。知識人といい、哲学者といってもしょせんは、その名に恥じるような議論にあけくれていたというわけである。志のある者たち、まともに考え、悩むひとたちがこうした空しさにどうして耐えられよう。空しさに気づかず、愚鈍なまでに、独断論と教条主義にふける者たちだけが、いついつまでもそのつどの方針にあわせて「有名な引用句」でかざられた文章をひねり出し、御用をつとめ上げることができる。

おそらくは、いつの時代にも、独断論の夢に酔える人々が制度になった政党のイデオロギーをつくり、こうして党を支えていくのだろう。どんな政党にもこういう類いの「知識人」が必要ではあろう。反対に、独断論の夢から醒めたひとは、制度や政党からつまはじきに合うはずである。いずれにしても、誠実に思索し、たえず事柄の前提を疑うひと――それこそが本来の知識人であり、哲学者の名に値する――は、そのつどの支配的な主流的見解からみれば、当然のことながら、「異端」的であるほかはない。アルチュセールのような、自己の思索と経験にきびしい批判の目を向けうるようなひとは、運命的に「異端」的境遇におちいるのである。

ひとたび独断論の空しき夢から醒めるとき、また真に哲学的思索が不可能になっている精神状態の深間に気づくとき、そのひとは、ようやくひとり立ちの思索者に生れかわりはじめる。アルチュセールのその後の歩みは、独断主義と教条主義をのりこえ、それらのヴェールでかくされていたマルクスの思索を発見する孤独な歩みとなる。一九六五年に発表された『マルクスのために』という論文集は、こうしたアルチュセールの試行錯誤と着実な思索の足どりを示す書物であり、その序論のなかでこの歩みをふりかえった自己解剖が開陳《かいちん》されている。思索とは何かを教えてくれる味わい深い一篇である。

# フランスのマルクス主義

**「フランス的貧困」**

アルチュセールが若き知識人として、党員哲学者として生きたイデオロギー状況は、スターリン主義の独断論または教条主義であった。それは、マルクス主義の世界的状況であり、必ずしもフランス一国の特殊事情ではなかった。フランス人として、フランスの知的伝統のなかで生育したアルチュセールという思想家は、当然のことながら、フランスの精神史の特殊事情を反映するはずである。マルクスという普遍的なものとフランス思想という特殊なものが、フランスのマルクス主義知識人をつくり上げる。ここで、フランスの知的伝統、つまりフランスの思想一般とフランスのマルクス主義の歴史との絡《から》まり合いがどうであったか、これをアルチュセールの眼を通してみておきたい。「アルチュセールの眼を通して」というのは、今ここで私たちの知りたいのは客観的なフランス思想概観ではなくて、アルチュセールそのひとの思想的課題を理解したいからである。

まずはじめに、フランスのマルクス主義の特殊事情をみてみよう。スターリン主義的独断論は、いわば普遍的現象で、国の違いによってそれの受容の仕方も異なってこよう。フランスにはフランスなりのマルクス主義の歴史があり、それが後にスターリン主義現象と重なってくる。スターリン主義以前のフランス－マルクス主義の思想状況がここで問題となる。

思想の生産性または独創性という面からみると、フランスのマルクス主義、フランスの共産党はきわめて貧しい、とアルチュセールはみる。アルチュセールは、かつてハイネがドイツの状況を「ドイツ的貧困」とよんだのをまねて、「フランス的貧困」とよんでいる。

思想の貧困さに比べると、フランスの労働運動の歴史はおどろくほどの輝かしさと豊かさをもっている。マルクス主義がフランスに移入される以前からのフランスの労働運動の歴史は、一八三〇年、一八四八年、一八七一年といった有名な日付をもっているし、そのなかで自発的に形成されてきた独自の感性と思想、独自の運動スタイルをもっている。フランス大革命から一八七一年のパリ－コミューンまでのフランス労働運動は、世界に冠たる伝統を誇ることができた。フランス－マルクス主義は、誇るべき思想の産出がなくてもこの偉大な労働運動の伝統と遺産にのっかれば何とかやっていくことができた。偉大で輝かしい労働運動の蓄積、他方で世界に冠たる思想の貧困、この二つのもののおどろくべき対照。これがフランス－マルクス主義の背景をなす。

フランス－マルクス主義の思想的貧困をきわ立たせるために、アルチュセールにならって小さな思想史的回顧をやってみよう。

マルクス主義以前のフランスの社会主義思想をちょっとみてみよう。一九世紀前半期のフランスの社会思想は、どこの国にも見られないほどの多産性を示している。まだフランス大革命の余韻が鳴りひびいている頃であり、この時期の思想家たちは、若い頃にフランス革命期を生きぬいているし、そうでないひとでも大革命はいわばきのうの事件のごとく生き生きとしている。社会史はゆれにゆれているし、革命と戦争の状況がたえずつきまとっている。そうしたなかで、フランスの「初期」社会主義者たち――マルクス主義的よび名をつかえば、「ユートピア」社会主義者たち――は、社会変革のもろもろの構想をねっていたのである。

サン＝シモン（Claude Henri de Saint-Simon 1760—1825）とサン＝シモン主義、オーギュスト＝コント（Auguste Comte 1798—1857）とコント主義、シャルル＝フーリエ（Charles Fourier 1772—1837）とフーリエ主義、プルードン（Pierre Joseph Proudhon 1806—65）とプルードン主義、これらは最も代表的な社会主義思想と運動体である。

サン＝シモン

**サン＝シモンとコント**

サン＝シモン主義は、基本的にアンチ-カトリック運動としての新宗教運動であるが、その中で「社会主義」とよばれる思想を生みおとす。科学と技術の時代が始まろうとしているとき、いち早くこの現象に注目し、科学者と技術者を指導者とする上からの社会主義改革を考えた。このサン＝シモンの着眼をもっと純粋な形でうけつぐのがオーギュスト＝コントであり、コントの「実証主義」哲学もかれの人類教も、科学と技術の時代の到来を告げるものである。こうして生れたサン＝シモンやコントの思想は、単に頭脳に宿っただけの思想ではなくて、当時の社会を形成する力になったし、今でも生きてフランス社会を動かしているのである。運動体としてのコント主義は、フランスでは力をえず、海を越えてメキシコやブラジルなどのラテン－アメリカ諸国で繁殖の地を見つけたが、サン＝シモン主義は、経済面で産業革命の担い手をつくったし、文化面で科学主義の伝統を形成していった。テクノクラート（技術官僚制）の思想とは、元々はサン＝シモン主義から出たもので、現代フランス史のひとこまをなす人民戦線内閣（レオン＝ブルム内閣）のイデオローグや組織者は思想の系譜から言えばサン＝シモン主義者であり、現代のフランスの上級官僚、政治指導層をふくむテクノクラシーも、フランス社会党のエコノミストーグループも、血すじから言えば、サン＝シモン主義である。ブルジョア支配体制もそれに対立する社会党も、思想的につつみこんでしまうのが、サン＝シモン主義（サン＝シモンなきサン＝シモン主義といおうか）である（フランス社会党は、ドイツその他の社会民主党とは思想の基盤を異にしている点で注目に値する）。サン＝シモン主義は決して過去の思想ではなく、今もなお社会と歴史を動かすフランスの生んだ最もオリジナルな思想なのである。

文化と思想の面でもサン＝シモンとコントの影響は著しい（コントはもともとサン＝シモンの秘書で

あった)。サン＝シモンの科学＝技術への着目はコントによって一層発展させられ、実証主義の哲学へと昇華《しょうか》させられる。コントは現代（一九世紀）を実証主義の時代とよび、それは科学（者）と技術（者）が社会を指導し管理する時代とみなす。神話時代と形而上学の時代は終わった、今や科学の世紀が始まる。このように、コントはおおらかに科学の時代を讃美する。そこには、混乱するフランスの社会を再組織して、安定と秩序を目ざすひとつの社会改革思想がひかえていたわけである。

コントの思想は多くの人々をひきつけ魅惑した。コントの名が表面から消えても科学精神としてのコント主義は生きつづける。文学のイポリット＝テーヌは自覚的にコント主義を選ぶが、時代風潮はコントの予覚どおり、文学の中でも通俗的にではあれ科学主義の方に向かう。バルザックもゾラも無縁ではなかった。その中でフランス社会学（エミール＝デュルケム Emile Durkheim 1858—1917、レヴィ＝ブリュール Lucien Lévy-Bruhl 1857—1939、マルセル＝モース Marcel Maurs 1873—1950 など）が生れて現代のレヴィ＝ストロース（Claude Lévi-Straus 1908— ）に連なる。コントが力を入れた科学哲学は二〇世紀に洗練されて、ガストン＝バシュラールを生み現代のミシェル＝フーコー（Michel Foucault 1926— ）、ガストン＝グランジェ（Giles

レヴィ＝ストロース

Gaston Granger)、ルイ＝アルチュセールらに連なる。コントの思想もまたアカデミーの中で今も生きてある思想なのである。

**プルードンとフーリエ**

プルードンとプルードン主義はどうか。プルードンほどフランスの労働者の生活感情を内側から知り、それを思想にまで高めたひとはいない。貧しきフランス農村の生れであるプルードンは、大学は出たけれども職業は植字工であり、誇り高き職人であった。一九世紀労働運動を彩る労働運動の指導者は、一方でプルードン、他方でオーギュスト＝ブランキであるが、ブランキはその思想の特性ゆえに少数精鋭主義で労働運動の多数派になりえなかった。これに反して、プルードンの思想は、物の感じ方・考え方からしてフランスの職人労働者気質を表現し、多数派になりうる素地があった。一八四八年の二月革命から一八七一年のパリ－コミューンまでの光輝ある労働運動・革命運動はプルードン主義が牛耳をとる。二〇世紀に入っても、プルードン主義は脈々と生きつづけ、おそらくはマルクス主義内部にも入りこんでいるであろう。現在、フランスでも日本でも「自主管理」運動がさかんに論議されているが、二〇世紀のユーゴ型自由管理を別とすれば、この思想の最初の提唱者は、プルードンである。プルードンの思想の体質は、一言でいえば、「労働者主義」（多分に職人気質の労働者主義）である。フランス組合運動の主流、それは労働者主義のプルードン思想である。これまた現在生きてある思想である。

マルクスも大いに気にしていたシャルル＝フーリエとフーリエ主義はどうか。フーリエはプルードンと同郷であり、繊維業者の家に生れた。フーリエはプルードンほど現実主義者でなく労働者の日常生活と感性に通じてはいなかったようだ。フーリエの独自の資質は、その雄大な構想力でもって未来の社会をえがき上げることであり、これまでの人類史を鳥瞰《ちょうかん》することにあった。フーリエは自ら構想した共産的共同体（ファランジュ）を実践しようとしたし、いく人かの弟子をもったけれども、ついにフランスでは特異な少数派にとどまった。しかし、思想の独自性と先を見とおす深い構想力と理論は、サン＝シモンと並ぶ巨匠であり、かのマルクスといえどもフーリエを無視してとおるわけにはいかなかった。

**「初期」社会主義者の独創性**　フランスの「初期」社会主義者のなかで最も有名どころの人々が、右にみた人々である。かれら以外にも、思想面ではマイナーであるが、それなりに歴史上で有意義な役目を果たしたものもいる。マルクス主義は、これら一群の「初期」社会主義思想を、「ユートピア（空想）」的と形容して、いかにも非科学的にきこえる定義をしているが、大いに誤解をまねくやり方である。科学的社会主義といえば、今ではマルクス主義の別名になっているし、エンゲルスなどもそのよび名をつくるのに貢献したようだが、科学的社会主義を最初に自称したのも、フランスの「初期」社会主義者たちであった（プルードンははっきりそう言っているし、サン＝シモン派社会主義やコント主義は傾向からして「科学的」である。最も空想的にみえるフーリエでさえ、その思想の中味はきわめて豊かな科学精神に豊んでいる)。そうであるだけに、エンゲルスとしても論争上の目的から、かれらを空想派に仕立て上げる必要もあったかと思われるが——また事実、エンゲルスが言うように、フランス社会主義は運動論の面でユートピア的であるが——、論争上の合言葉〝科学的か空想的か〟を無批判的に今でもくりかえすのは、「ブルジョア科学かプロレタリア科学か」というのと同じく、全くの独断論でしかないであろう。事実、一九世紀前半期のフランスの社会主義思想群は、フランスのマルクス主義(者)などよりはるかに独創的であり、はるかに歴史的意義をもっているし、何よりもはるかに理論的水準と思想の産出能力が高い のである。アルチュセールは、誠実にもこの事実を率直に承認する。

プルードン

フランス思想史において、フランスの労働運動の独創的な理論家は、右にみた社会主義者——すべて非マルクス主義者——以外に誰がいるか。「わが国の理論家はどこにいるか? ゲードかラファルグか?」とアルチュセールは問うている(ゲード Jules Guesde 1845—1922 もラファルグ Paul Lafargue 1842—1911 も仏共産党の創立期のマルクス主義者で、いずれも思想家・理論家としては小さい)。

こうして、フランスのマルクス主義には理論家はゼロに近いことになる。他の国々のマルクス主義の場合は、どうであろうか。

**「遅れた」国々のマルクス主義**

ヨーロッパの国々に限って言えば、何よりもドイツが重要であるし、次いでロシアが注目されよう。ドイツは、マルクス主義の創始者を生み育てた国であり、マルクス主義の伝統はドイツで形成される。マルクスとエンゲルスが、独自の新しい社会と歴史の科学理論をつくり出し、さらに事実上マルクス主義「哲学」とよばれる哲学思想を形成する(ふつう、この哲学は「弁証法的唯物論」とよばれ、社会と歴史の科学理論は「史的唯物論」とよばれている)。

マルクスとエンゲルスの思想は、ドイツでも最初はすんなりと受け入れられたわけではない。ドイツの労働運動史のなかでは、フェルディナンド=ラッサール(Ferdinand Lassalle 1825―64)というこれまた独創的な社会主義者が重要な位置を占めている。ラッサールは、マルクスとエンゲルスの同時代人であるが、かれらとは独立に、ヘーゲルに学びつつ――また後にマルクスからも学びつつ――自分自身の社会主義思想をつくり上げた。マルクス主義が大きな力をもつ以前のドイツの社会主義労働運動は、ラッサール主義によってみちびかれていたといってもよい。ドイツの労働者の党は、ドイツ社会民主党(SPD)というが、この社民党のすぐれた指導者たちはラッサール主義のなかで育っていった。ドイツ社民党がドイツで圧倒的な力をもつにいたるのは、ラッサール派とマルクス派の合同の後である。この時以降、マルクス主義はドイツ労働運動の支配的思想となり、マルクスやエンゲルスの指導の下で、カウツキー（Karl Kautsky 1854―1938）、ベルンシュタイン（Eduard Bernstein 1850―1932）、ベーベル（August Bebel 1840―1913）といった人々が輩出する。後に、社民党から分かれてドイツ共産党を創立したポーランド生れのローザ＝ルクセンブルク（Rosa Luxemburg 1871―1919）もまたこの伝統の中で育つ。

ロシアでは、一九世紀後半以降、ナロードニキの流れをくむ社会主義者とマルクス主義の流れとが対立しつつ独特の思想と運動の歴史をえがくが、この中ではっきりとマルクス主義の旗をかかげて登場するのは、まずプレハーノフ（Gheorghi Valentinovitch Plekhanov 1856―1918）、ついでレーニン（Vladimir Ilitch Oulianov, Lénine 1870―1924）やトロツキー（Leon Trotski 1879―1940）といった面々である。ロシアは、ロシア革命とともに、「社会主義の祖国」の地位をえて、ロシアのマルクス主義がドイツのマルクス主義からお株をうばうことになる。ドイツのマルクス主義は、カウツキー派であれベルンシュタイン派であれ、第一次大戦のときに、戦争協力体制にからめとられたこともあって、その社会主義思想と革命思想を疑われたこともあり、ますますその伝統的な指導的地位を失った。ローザ＝ルクセンブルクたちの努力によって、革命的マルクス主義の旗がかろうじて守られただけである。

こうして、ロシアでもドイツでもこのマルクス主義は、内部的にはいろいろの対立・抗争はあったが、前例のない社会主義革命（ロシア十月革命、挫折したドイツ革命）によって、一九世紀のマルクスやエンゲルスの時代とは違う新しい形のマルクス主義をつくりださねばならなかった。とくに、ロシアのレーニン主義とスターリン主義は、今ではいろいろ非難と批判がぶつけられてはいるが、史上例のない経験のなかで模索されたマルクス主義思想の新展開であったことは、否定すべくもない歴史的現実である。こういう事態のなかでは、マルクスやエンゲルスの本を読むだけではすまないきびしい経験からの教えを学ばねばならなかったのである。そこに、スターリン主義はともかく、レーニンの思想の新たな意義と独創性があるわけである（これは、良し悪しの問題、あるいは賛成か反対かといった問題ではなく、歴史的にみて客観的に評価されるべきことなのである。同じことは中国における毛沢東の思想についても言えるだろう）。

ローザ＝ルクセンブルク

このように、ドイツやロシアでは、それ相応の社会的・政治的理由から、オリジナルな理論家たちが輩出したのであるが、これに比べれば、かの輝かしい労働運動の歴史をもつフランスでは、マルクス主義の思想的産出力の貧しさはおおうべくもない。同じラテン系の国としてイタリアをとり上げてみよう。

イタリアでは、すでにエンゲルスの生前に、アントニオ＝ラブリオーラ（Antonio Labriola 1843－1904）がかれと交流しあって、すぐれた理論的著作をものしている。二〇世紀に入って、イタリア共産党の創設者のひとりアントニオ＝グラムシ（Antonio Gramsci 1891－1937）がレーニンに比べられるほどの独創的な思想を展開している。ここにいたって、フランス－マルクス主義の知的貧困度は、国際比較上、まさにどんじりの位置に甘んずる他はないようだ。

以上のことは、全く外面的な国際比較上のことであるが、それにしてもアルチュセールがフランス－マルクス主義の思想的貧困を嘆くだけのことは明らかにしていよう。

**知識人と社会状況**　ところで、なぜこれほどの「貧困」なのか。フランスのマルクス主義者たちの知的水準が低いのだろうか。それとも、かれらは努力しえたはずにもかかわらず、思想的産出を怠ったからであろうか。あるいは、もっと別の理由があったのだろうか。おそらく、フランス人の知的水準が低いわけでもないし、努力が足りなかったわけでもなかろう。思想や理論の産出は、なるほど個々人の努力にまつものではあるが、それ以上に思想家や理論家が生きている社会の精神的境位・知的伝統が大きくものを言う。とりわけ、その社会の経済と政治の複合的状況が重要なカギになるだろう。この点について、アルチュセールはどんな自己解剖をしているのか、それをみてみよう。

思想や理論を生みだす人々、つまり知識人が社会状態のなかでどんな位置を占めるかによって、マルクス主義知識人の形成の様子がちがってくる。フランス以外の国々、例えばドイツやロシアあるいはイタリアは、資本主義の発達度、いわゆる市民社会の形成度合から測ると、「遅れた」国々である。この点で、もっとも「進んだ」国は、イギリスであり、ついでフランスである。これは、経済史的測定である。「遅れた」国々、つまり資本主義制度がずっとおくれて導入された社会では、封建制と資本制とが複雑に入りくんでおり、支配階級の形成も封建派とブルジョア派との連合体である。封建的支配階級のなかでは、大土地所有者が教会と組んで大きな力を及ぼす。資本家階級も、イギリスやフランスなどにみられるほどには徹底的に封建派と対立せず、むしろ妥協的である。イデオロギーのレベルでは、教会＝キリスト教が圧倒的な力をもっており、知識人などはほとんど指導力や影響力をもちえない。おおむね、知識人たちは、まじめに考えれば考えるほど、反体制になるべき運命にあった。マルクスもエンゲルスもそうであり、ロシアのレーニン、イタリアのグラムシ、皆しかりである。

アルチュセールはこういっている。

「支配階級（階級的な利害の点で妥協し、手をにぎり、さらに教会の支持をうけた、封建制度とブルジョア階級）は、多くの場合、知識人にたいして奴隷根性と嘲弄《ちょうろう》癖を発揮することしか許さなかった。そこでは、知識人は、唯一の革命的階級である労働者階級のがわに立つことによってのみ自由と未来をもとめることができた。」

一九世紀の社会運動の理論家や思想家といわれる左翼知識人が社会に置かれた状況とはこういったものであろう。労働者出身の思想家や理論家も少数ではあれどの国にもいたかもしれない（例えば、フランスのプルードンやフーリエ、ドイツのワイトリング Wilhelm Weitling 1808—1871〔職人出身の社会主義者〕やディーツゲン Joseph Dietzgen 1828—1888〔職人出身の唯物論哲学者〕などが有名な例である）。けれども、ふつう知識人といえば、大学で高等教育を受けて学位すらもつ人々である。かれらは、とくに「遅れた国々」（例えば、ロシアなどの東欧諸国）においては、イギリスやフランスの西ヨーロッパ文化の影響をもろにうけて、急進化しやすい。社会状況も様々の矛盾と対立と悲劇をはらんで、知識人の急進化と左翼化を促す。このような知識人は、自分の国の現状（例えば、ツァーリズム下のロシア社会）に絶望し、社会革命に未来の希望を託すことになる。ロシアにおけるナロードニキのテロリズムも、また革命的労働運動や農民運動にもとずく社会運動（アナーキズムやマルクス主義）も、いずれも知識人たちの将来の道を指し示すものであった。アルチュセールのさきの文章は、イギリスやフランス以外の国にあてはまることである。

**フランスの場合**

では、フランスの知識人の場合はどうであったか。

「フランスでは、これと反対に、ブルジョア階級は革命的であった。ブルジョア階級は、ずっと前から、知識人を、ブルジョア階級がおこなった革命に結びつけ、権力の奪取とその強化ののちには、知識人を全体としてブルジョアのがわにひきとめることを知っており、またそれができたのである。」

フランスのブルジョアジーは、東欧諸国のブルジョアジーに比べれば、はるかに革命的である。フランス革命(一七八九年)は、真のブルジョア革命であり、封建階級との徹底した対立と闘争をおこなった。「遅れた国々」のごとくブルジョアジーと封建地主との妥協はなかった。しかも、フランスーブルジョアジーは、一七八九年の大革命だけでなく、一八三〇年、一八四八年の諸革命において、ますますその社会的支配力と指導力を強固にしていった。イデオロギーの面で封建制を代表する教会とも、一時的な妥協もおこないはしたが、いつでも手を切る用意があり、事実手を切った。フランスでは、国家(ブルジョアジー)と教会(封建制)とは、はっきりと分離していく。こうしたなかで、イデオロギーと教育の面で圧倒的な力をもっていた教会は、ブルジョア国家の下で新たに創設された「学校」(小学校から専門学校や大学にいたるまでの非宗教的教育機関)によってとって代わられていく。フランス知識人がこのような「学校」で育っていったことは言うまでもない。

このように、フランスの支配階級たるブルジョアジーは、知識人をひきつけ、知識人に未来と自由な活動場面を与えることができた。封建派と教会とを敵にまわしたブルジョアジーは、知識人を自己の下で育て味方につけることは、文化的・イデオロギー的にどうしても必要なことであった。

こうして、フランスの知識人は、一般に、労働者階級とは無縁の存在であり、おおむね常にブルジョア側にいたわけである。小ブルジョアないしブルジョア出身の知識人にしてみれば、最も落ちつける環境であった。意識とイデオロギー、あるいは生活感情の面で、階級敵対線がきわめて明瞭に出てくるのである。

フランスの労働者階級と言えば、かのプルードン主義を生んだほどに、自前のイデオロギーをつくり出す内発的創造力もそなえていた。プルードンの思想にみられるように、ブルジョア的世界観とはくっきりと分けへだてられる独自の労働者の世界観をもちうる、というのがフランスの労働者階級であった。だから、よけいに労働者の知識人に対する心理的・思想的反撥は根強い。コミュニストであれアナキストであれ、フランスの労働者階級の持ち前は、労働者中心主義である。

**「フランス的貧困」の理由**　右のような構図のなかで、知識人と労働者階級との関係をながめれば、フランスの左翼知識人、とりわけ大ブルジョアや小ブルジョア出身の左翼知識人が労働者階級に接近するときの悲劇的状況が手にとるようにはっきりするだろう。一方の知識人は、労働者階級に味方して闘いに参加しようと心をくだいているのにたいし、他方の労働者階級は冷い不信の念をもって応対するだけである。どのような思想の流派を問わず、知識人と労働者との相互不信の構図は不変である。かつてもそうであったし、今もそうである。フランスのマルクス主義と共産党の内部においても、例外なしにそうである。

フランスのマルクス主義の思想的「貧困」とアルチュセールが名づけた事実の根本の理由のひとつは、この根深い対立にある。しかし、労働者主義と知識人との相互不信が、なぜ思想の貧困を生むのか。フランスの労働者が自前でつくりだしたプルードン主義のことは別にして、話をマルクス主義の思想に限っていえば、思想や理論の形成は、例外もあるが、おおむね知識人が担当する。マルクスやエンゲルスがそうであったし、レーニンやローザ＝ルクセンブルク、グラムシや毛沢東(1893—1976)がそうであった。その意味では、かつてレーニンが言ったように、マルクス主義の理論は労働者階級のなかへ「外から」もちこまれたものである。

だから、フランスの労働者のように知識人の理論家とその産物に冷い不信をもちつづけるとすれば、しかもそれがマルクス主義内部での対立感情から出ているとすれば、マルクス主義の理論の形成と発展はのぞめまい。フランスの労働者は自前の理論をつくることができる、とひとは言うだろう――かつて、プルードンを生んだように。しかし、その理論や思想は、おそらくマルクス主義の思想ではなく、マルクス主義的用語で語られるプルードン主義かもしれないのだ。アルチュセールが危惧《きぐ》しているのは、多分そのことであろう。

しかも、マルクス主義の理論とは、社会と歴史の科学、「唯物論的」哲学であるのだから、長々しい研究史の伝統をもつこの領域で独自の世界をうち立てていくには、その道に通じた知識人を必要とする。労働者階級は、知識人をひきつけ、ブルジョアジーから分離させなくてはならない。こういう知識人の重要性は、アルチュセール以前に、イタリアのグラムシが「有機的知識人」の理論のなかで強調していたものである（「有機的知識人」はブルジョア側の「伝統的知識人」とちがって、労働者階級と有機的一体をなし、その機関となる）。二つの階級の間で、知識人のひきぬき合戦がおこなわれている、といってもよい。これは、ひとつの思想的闘いであり、マルクス主義にとって欠かすことのできない課題とでもいえよう。

しかし、フランスでは、労働者階級の知識人不信のゆえに、「有機的知識人」を獲得することができなかった。「有機的」になった労働者側に参加した知識人の方でも、理論的産出能力を発揮する激しい動機も少なかった。思想の貧困はさけられない。それもこれもひとえに、フランスの社会史的構造、とりわけフランス－ブルジョアジーの「進歩性」と「革命性」ないし「指導力」に原因がある。ブルジョアジーが多くの知識人をひきつけるだけの支配力あるいは「魅力」をもちつづける国では、マルクス主義の理論は発展しないといえようか。フランスのように革命的労働運動の長い伝統をもつ国では、マルクス主義が発展してよさそうなものだが、事実は逆なのである。「ブルジョアの支配形態そのものが、理論の真の伝統の形成にぜひとも必要な知識人を、長いあいだフランスの労働運動から奪っていたのである。」（アルチュセール）。

## フランスの知的伝統

ところで、「もう一つの国民的理由」がある。アルチュセールはごくわずかしかふれていないが、これは主として知識人の精神にかかわることである。それは、大革命以降のフランスの知的伝統の特性である。アルチュセールは「一七八九年の革命につづく一三〇年間におけるフランス哲学の無惨な歴史」とよんでいる。なぜかと言えば、大革命以降のフランスの講壇思想史は、ほとんどすべて「唯心論的のぼせ上り」「歴史と人民にたいする軽蔑」「宗教との深い偏狭な結びつき」といったことで特徴づけられ、要するに「保守的であるばかりか反動的でさえある」。つまり、科学的知識とともに歩む哲学ではなく、科学精神に背を向けた「哲学」がフランスで支配的であったと、アルチュセールはいう。

いずれ後でふれることになろうが、アルチュセールの関心は、マルクス主義の中に科学精神を植えつけ、科学的知識の生産が順調に進行するように、そのつゆ払いとしての哲学をつくることにあったが、この科学的・哲学的精神という基準からみると、フランスの支配的哲学はつねに反科学的・観念論的であった、ということになる。アルチュセールがここで「フランス哲学が生みだした唯一の注目に値する精神であるオーギュスト＝コント」と述べていることは興味深い。それは、アルチュセールの哲学的関心がどこに向けられているか、逆に何に反対して哲学するか、を示唆してくれるからである。この点について少しわき道にそれてみる。

## コントの科学精神

コントについては前に少しふれた。コントは社会主義者ではないが、その実践的関心からいえば社会改革者であったし、後期に創設した人類教からすると魂の救済者としての世直し思想家でもあった。ここでふれるコントは、初期のコント、つまり『実証哲学講義』全六巻を書いたコントである。アルチュセールが高く評価しているコントとは、この著作のコントであろう。コントの『講義』は、数学から始まって物理学・化学・生物学・生理学を通って「社会物理学」（今日の社会学にあたる）に到る科学的知の全体構造を吟味したものである。ひとつの百科全書的哲学体系であり、コント的アンシクロペディと名づけてもよい。コントは単なる好奇心から百科全書的知識の集体成を造ろうとしたのではなく、かれにはひとつのはっきりした目的があった。それは、ほかならぬ「社会物理学」を創造することであった。「社会物理学」とはききなれぬ名ではあるが、コントの意図は社会の科学を物理科学と同じ資格をもつ科学としてつくり出そうとしたのである。「社会物理学」の名から推測して、コントが物理学の方法や概念を社会にあてはめて社会の科学をつくろうとしたと考えるとすれば、その解釈は誤解である。

それぞれの科学には固有の対象があり、それらの対象の性質に応じて科学的処理の精密度が異る。物理学と医学と社会科学とでは、それぞれに適《ふさわ》しい正確さ・精密度があって、何でもかんでも数理物理学的正確さで一元的に処理することは、ひとつの非科学的態度である。なぜといって、そうした態度は、それぞれの科学の対象の固有性を無視する粗雑さ・不正確さの精神に基づくからである。問題になるのは、コントにとって社会科学であるが、社会の全体的科学を構築するには、その前にどのような科学的遺産と成果があるか、またどの点に社会の科学と自然の科学とが対象的相違をもつか、をはっきりさせる必要があった。こうしてコントは諸科学の哲学的経めぐりをおこなう。それは、ひとえに、社会科学の独自性を見定め、物理学ほどの精密さではかれば不可能になるが歴史や芸術の対象ほどゆるくはない精密度の概念体系で十分に「社会の科学」をすえつけることができることを証示しようとした。社会科学の科学哲学的・方法論的考察としては、世界でも最初のオリジナルな仕事といってよい。そして、この仕事が全ての科学への深い理解と洞察をもったたひとりの人物によって、現在でもなお有意義な水準で実現されたことは、むしろ驚いてよいことだろう。

アルチュセールが注目するのは、こうしたことだと思われる。しかも、コントがかなりの緊迫感をもって『講義』を書いているのも、かれが当時のフランスの社会的「混乱」(とコントはみる)をなくし、社会の再組織を実現し秩序と進歩のある社会につくりかえようとする実践的関心からきている。この面からみると、ちょうど同じ時代に、全く違った道を通りながら、ほぼ同じ理論的・実践的課題と苦闘していたマルクスの仕事が裏から照明が当てられる。マルクスは革命者であり、コントは改革者にして宗教者であったが、社会の科学の建設、およびそれに適しい哲学の建設、という課題では互いに似た境地に立っていたともいえる。アルチュセールは、この点に着目するのであって、コントの「実証主義」イデオロギーに感心しているわけではない。

アルチュセールがコントを見出すのは、おそらくガストン＝バシュラール（後にふれる）の科学哲学にみちびかれてのことかと思われるが、いずれにしても、アルチュセールはコントが開始したフランス科学哲学の伝統をよりどころにしてマルクス主義の「社会の科学」の再考へと向かったことは事実である。アルチュセールが強調するのは、科学精神であって、この科学精神の偉大な体現者たるコントを、またコント的伝統を、たえず弾圧してきたフランスのアカデミー哲学は、アルチュセールの眼には許せない反動派と映ったことだろう。

**「田舎者根性」のなかで**　多くの知識人はこうしたアカデミーの哲学で育てられているかぎり、ごく例外的にしか科学精神とそれにふさわしい哲学に近づくことはできない。ましてや、マルクスの科学と哲学に開眼するものもでてきはしない。このようなフランスの知的伝統も、マルクス主義の思想的貧困を助長した、とアルチュセールは考えるのである。

あまつさえ、フランスには自国の文化のみが最も高く豊かであるという一種の「中華思想」があるが、それは裏をかえせば「恐るべき哲学的、文化的田舎者根性（われわれの盲目的愛国心）」である。これが他国の文化を無視したり無理解のままで平然としている知的怠慢を許している。マルクス主義について少しでも理解しようとすれば、ドイツの文化的・哲学的歴史を知る必要があるが、フランスでドイツ研究が深化しはじめるのは、ようやく一九三〇年代からであり、しかもごく少数の人々に限られていたものである。このような「田舎者根性」は、単に大学アカデミーにとどまらず、マルクス主義者の中にも巣喰っていたとしたら、それこそ悲惨である。アンチ－ドイツ文化のショーヴィニズムに病んでいて、なおマルクス主義者でいられるとしたら、そのマルクス主義とはおよそ変てこな思想にちがいない。このような極端な例はなかったかもしれないが、それに近いところまでフランスのマルクス主義はおちいっていたかもしれない。

一方で、知識人と労働者階級との相互不信の長い歴史、他方で、フランスの哲学的保守主義、この二つの悪条件のなかで、フランスのマルクス主義は低迷してきた。それでも、マルクス主義として、労働者の政党として生きつづけてこられたのは、過去の労働者階級の遺産があればこそである。フランス－マルクス主義は、自国の偉大な実践的経験を喰いつぶして生をつないできたにすぎない。

右のような事実にはたと思いあたるとき、誠実な思索者は、どうすればよいのか。問題のひとアルチュセールは、どうするのか。かれは、どんな課題をその身にひきうけるのだろうか。

# 思想的課題

**哲学の貧困とその対策**　すでにみたように、フランスのマルクス主義思想は、内外の条件にひっぱられて、真実の創造性を失っていた。マルクス主義は、自分の哲学を本当に考えることができないという「哲学の貧困」におちいった。まじめな知識人たちには、どんな対応の仕方が考えられたろうか。フランスにおける哲学的対応のスタイルを少しながめてみよう。

フランスのマルクス主義哲学の貧しさにたいして、おおよそ三つの対応が考えられる。第一に、哲学無用論、第二に哲学の積極的意義を認める立場、第三に、両者の中間形式、である。

第一の哲学無用論を考えてみよう。だいたい、マルクス主義哲学が貧しい貧しいとさわぐ方がまちがっている、もともとマルクス主義に哲学などなかったのだ。あるいは哲学を無用にすることこそマルクス主義ではなかったのか。そうだとすれば、マルクス主義の哲学や思想の貧困などはじめからあるはずもないのだ——こういう考え方をする人々がいた。若いマルクスは「哲学の死」のテーマを論じたことがあるが、マルクスの文章をとり上げて、哲学の不可能性や無用論が提出されたわけである。この立場にも、実は二つの形態がある。ひとつは、哲学が不用になるのは、哲学が科学へと解消するからだ、だからマルクス主義は哲学を手ばなして、科学——社会の科学——に専念すればよろしい、という科学中心主義の考え方である。もうひとつは、哲学は学者の頭の中で営まれるのだとするといつも観念論になるだろう、哲学のマルクス主義的形態とは哲学の政治化、つまり政治的実践こそマルクス主義の哲学だと考えて、哲学を政治へと解消していく立場である。いずれも、思想的課題を別のもの（一方は科学へ、他方は政治へ）へゆだねているかぎり、二つは方向こそ違え、同じ立場に立つ。実際に、この二つの哲学無用論は手をたずさえてすすむ。マルクス主義諸政党の現実は、こうした立場が支配的だと思われる。

つぎに、哲学を積極的に肯定する立場は、哲学は、他のいずれの領域にも委ねられるべきすじ合いのものではなくて、思想的課題は哲学自らが担う以外にはない。マルクス主義も積極的に哲学をうちたてるべく努力しなくてはならない。これも、よくいわれてきた主張であるが、それをどう実現するかが実は問われているのだ。

第三の中間形態は、一方で哲学の死を認めつつ、しかし他方では哲学を科学や政治に解消することに反対する。どうするのかと言えば、哲学の死は、哲学的におこなうべし、というのである。哲学は積極的に建設されたり生きつづけるのではなく、死へと向かうかぎりは、消極的な生き方を生きることになる。この消極的・否定的生は、「批判」または「批判的意識」とみなされた。「批判的意識」とはどういうことかというと、科学的認識のプロセスには、常にイデオロギーが介在し

アドルノ（左）とホルクハイマー

て、科学的真理に到達することを妨害する。そこで、「批判」が登場し、科学のために、科学にかわって、この妨害物を掃除するわけである。科学（者）は、このイデオロギー的妨害物をそれとして気づいたり排除したりすることに必ずしも気を配るわけではないからである。仮定の上での話であるが、もしもこのイデオロギー的妨害物が完全に一掃された暁には、哲学の批判的役割は終わって、科学と一体化し、かくて消滅するはずのものであろう。現実には、そんなことはありえないので、科学とイデオロギーとの狭い空間のなかで、哲学は、批判意識として、棲息《せいそく》できるといった次第である。ついでながら、この形式の典型的な哲学的営みは、二〇世紀のドイツで生じた。それが、いわゆるフランクフルト学派（マックス＝ホルクハイマー Max Horkheimer 1895—1973、テオドル＝アドルノ Theodor Adorno 1903—69、ユルゲン＝ハーバーマス Jürgen Habermas 1929— など）である。フランクフルト学派はかなり自覚的に「批判意識」としての哲学を考え実行した（「批判理論」）が、もっとうすぼけた形でなら、全世界のマルクス主義者はおおむね「批判的」仕事にたずさわっているとも言えよう。

**アルチュセールの立場**

アルチュセール当人はどうだろう。かれは、最初は、第三形態の「批判意識」に専念したようである。こう言っているからだ――「哲学の実用主義的―宗教的な死（政治主義―引用者）と哲学の実証主義的な死（科学主義）は、じっさいは哲学の哲学的な死ではない。われわれはそこで哲学に、哲学にふさわしい死、つまり哲学的な死をあたえるように努力した。」このかぎりで、フランクフルト学派の「批判理論」と相通ずる道をたどっていたと思われる。だが後にみるように、アルチュセールは、この形式の批判意識――「凋落《ちょうらく》する批判意識」、「批判という曖昧《あいまい》な行為」とかれはよんでいる――をのりこえて、哲学を積極的に樹立する方向へと進み出ていく。

フランスのマルクス主義における「哲学の貧困」に対するアルチュセールの対応は、右にみた第二と第三の立場をひとつにまとめたものといってよい。マルクス主義の哲学は、たしかに現存思想との対決と論争を不可避の課題とする（「批判意識」）が、それだけでなくさらに独自の「哲学」をつくりだし発展させるためには、何よりもまずマルクス自身の哲学的思想にたちかえり、それが本当のところ何であったかを探求しなくてはならない。マルクス主義の哲学は、その現実の状態はどうかといえば、「すでにある」のではなくて「まだない」のであって、まずは、哲学の原理＝基礎からやりなおさねばならない。その仕事は、マルクスの哲学と科学の真実の姿を探求することとひとつである。アルチュセールの主著たる『マルクスのために』は、ちょうどこの課題にとりくんだかれの思索の足どりをしるした書物である。その足どりは、未踏の領域に足をふみ入れた探険家のそれに似て、ジグザグはあるが読むものを思わずひき入れるほどの魅力と堅固さをもっている。

アルチュセールの理論的な仕事の中味は、もっと先で主題的に扱うはずであるが、ここではアルチュセールの仕事の方向＝課題を大ざっぱに見定めておきたい。

アルチュセールは、フランス－マルクス主義がおちいった理論的袋小路からぬけだすために、「哲学」をつくりだそうと決意した。「哲学」とは、言うまでもなく、伝統的な形而上学＝哲学ではなく、それとは異質たるべきマルクス独自の「哲学」を指す。問題は、マルクス哲学の固有さ、独自性、他の思想とのちがいが何であるか、である。マルクスの哲学とマルクス以前の哲学思想との差異を明らかにしなくてはならない。しかし、他方、哲学と科学、哲学的思考（その対象）と科学的思考（その対象）とは決して混同されないはずのものであるから、この二つの差異が何であるかも明らかにしなくてはならない。そうすると、どうしても科学的思考（と知識）とは何ぞやという問いがでてくるが、その問いをつつくと今度は、科学的思考とイデオロギー的思考とのちがいとは何であるかという問いがとびだしてくる。科学的思考は、イデオロギーとの対立と差異によってその境界がくまどられることになる。

大ざっぱに言えば、哲学、科学、イデオロギーはいずれも多かれ少なかれ「理論的思考」であるから、区分けの基準もなしに外からながめれば、無区別なものに見えもするし、またコトバの上だけのちがいしかないかのように見えもする。だからこそ、区別の基準を繊細につくり上げ、三つの「理論領域」の間に境界線を引いていくことが、原理的探求のレベルでは大変重要な仕事となってくる。アルチュセールの理論的課題とは、さしあたり政治の課題との関係を除いて考えれば、右のごとき区分けの仕事だといってよい。

けれども、分けること、境界線を引くことの意味は何だろうか。

伝統的哲学とマルクスの哲学とを区別するということは、マルクスの哲学の独自性を明らかにすることにはまちがいないが、さらにすすんで、マルクスの哲学が旧来の諸哲学思想をひっくりかえして無効にしてしまうこと、一言でいえば、マルクスの仕事は西欧思想史上のひとつの大きな理論的・哲学的革命であったことを明確にすることである。少なくともマルクス主義者であるかぎりは、この思想上の革命の意義を解明する義務がある。マルクスが思想上の革命者でないのなら、マルクス主義なるものは歴史的現象かもしれないが、現在も歴史を動かす思想とは言えまい。

**マルクスを二重に読む**

つぎに、哲学と科学とを区別することはどういう意味をもつか。ここで注意すべきことは、二つのものを並べて相互に比較することはできない、少なくとも、マルクスの場合、そうはできない、ということである。それというのも、マルクスの哲学は「まだない」、つまりまだ原理的にはっきり誰もが承認する形で完成されていないからである。そうすると、どうなるのか。マルクスの哲学は、哲学的書物のなかに宿るとか書かれているとかしているのではなくて、マルクスの科学上の仕事や著作のなかに「かくれて」ひそんでいる。だから、マルクスの哲学の生きた姿をとりだすためには、まわり道をしなくてはならない。マルクスの科学的思考を明らかにしつつ、それと区別してマルクスの哲学的思考をとりだす、という操作をする。簡単にいって、例えば、マルクスの主著『資本論』を二重に読むのである。マルクスの科学的コトバのつらなりとその背後でそれを支えるマルクスの哲学的論理を読むということである。このまわり道なしには、マルクスにおける哲学と科学との区別ははっきりしてこない。つまるところ、マルクスの哲学とは、アルチュセールによれば、マルクスの科学的思考の中で働く弁証法となる。それは、独自の弁証法であるはずだが、それではヘーゲルの弁証法と同じか違うか、違うとすればどこがどう違うのか、という問いが出てくる。これらの問いは、再び前に述べた区別――マルクスによる科学の革新と哲学の革新およびそれらの意味――と結びつく。実は、マルクスの哲学革命は、今しがたのべた「マルクスを二重に読む」ことをもって、はじめて明らかになるのである。

## 科学とイデオロギー

最後に、科学とイデオロギーとを区別することの意味は何であろうか。両者の区別はきわめて微妙にして困難である。というのは、科学もイデオロギーも同じ「対象」を考えるからである。例えば、経済の科学も経済のイデオロギーも、経済という同じ対象を考えている。同じ対象を考えるかぎり、どちらも科学を自称することができるのである。その点で、科学とイデオロギーとの区別の問題は、科学と哲学との区別の問題よりもやっかいである。科学と哲学は「対象と課題」を異にするということで、一応形式的区別をはっきりさせることができるのだから。こうなれば、「対象と課題」の側から科学とイデオロギーの区別や相違を云々することはできなくなるから、区別だてをしようとするなら、必然的に、科学とイデオロギーのそれぞれの思考様式の区別へと目を向ける必要がある。二つの思考様式（ものの考え方）のちがいをはっきりさせることによって、科学の考え方がどれほど特殊なのかをきわ立たせること、これが格別に重要な課題になる。アルチュセールの仕事は、マルクスの生んだ科学（歴史と社会の科学）の特殊にして独自な意義を浮き彫りにすることであったから、マルクスの科学とマルクス以前の種々のイデオロギーとの境界を定めることはぬきさしならぬ研究課題になった。

ここで誤解を防ぐためにつけ加えておきたいことがある。科学とイデオロギーとを区別することは、科学を善玉に、イデオロギーを悪玉に仕立て上げることではない。そういうやり方は、科学主義というイデオロギーなのである。一般的に言えば、イデオロギーは善でも悪でもない。というのは、私たちはイデオロギーなしには生きていられないからである。日本人はアニミズム・神道あるいは仏教イデオロギーによって生きつづけており、西欧人の多くはキリスト教的な道徳イデオロギーで生きつづけているが、それは自覚的にそうするのではなく、大ていはむしろ無自覚的にそうしている。この無自覚的なままでに私たちの生活を律している精神的態度、これこそが原始的であるが本来的なイデオロギーなのである。抽象度は低いがきわめて具体的に生活に生気を吹きこむ生活イデオロギーは、科学が科学者という生身の人間に担われているかぎり、科学にも浸透しつづける。それだけに、科学はイデオロギーから離脱することは困難であり、また逆に科学者が自覚的にこの困難な離脱の仕事に努めることはそれだけ一層偉大な仕事だとも言えよう。

イデオロギーが生活に根ざしたものの考え方であるなら、なにも無理をしてイデオロギーから離れる必要はなさそうだが、実は、科学的思考はイデオロギー的考え方では見ることのできない世界を見えるようにしてくれるところに、最も重要な意義をもつのである。科学によって見ないでもよいものを見させられるはめになった近代人はかえって不幸になったという立場もありうるが、そしてこの立場から現在いたるところで近代批判がおこなわれるようになっているが、それはまたおのずから別の問題である。

いずれにしても、アルチュセールは、哲学、科学、イデオロギーという三つの「理論的」思考様式の間に境界線をひきつつ、ひとえにマルクスの科学と哲学の独自性をはっきりさせようと試みる。

**マルクスによる二重革命**

マルクスの思想の歴史の上での画期的な意義、それは、第一に、社会科学史上の革命をひきおこしたこと（マルクスによる新しい「社会と歴史の科学」の建設）、第二に哲学革命（伝統的哲学の転ぷく、新しい弁証法観の創造）という二重革命を実行したことである。

二つの革命がどう繋っているかというと、マルクスはまずはじめに種々のイデオロギーが久しい間考えつづけてきた「社会」や「歴史」の研究のなかに、全く新しい考え方を導入して、新しい社会観・歴史観（「生産様式」、「社会形成」、「階級闘争」といった新概念で社会科学をつくりなおす）を樹立する。アルチュセールは、これをマルクスによる「歴史の大陸」の発見とよぶ（ガリレイによる「物理的自然の大陸」の発見に比べられる）。ついで、マルクスは、社会と歴史の新科学の構想のなかで「先例のない」哲学を同時に生誕させる。「先例のない」概念を創造し「先例のない」ものの見方（新しい科学的思考様式）は、「先例のない」論理（新しい弁証法論理）に支えられてはじめて可能になるからである。マルクスの科学と哲学は、事実上は同時生誕するのであるが、形式上は科学だけが仕上げられて、哲学は科学的著作の中に埋め込まれたままである。埋もれたままのマルクス哲学の発掘が成功するか否かは、アルチュセールの二重革命説を左右することになろう。

アルチュセールは、右にみたような思想的課題を立ててマルクスについて新しい読み方を提唱した。アルチュセールのマルクス研究は、前にみたようにフランスのマルクス主義の思想的貧困をうちやぶることを目ざしていた。けれども、アルチュセールの仕事は、フランス－マルクス主義の圏内をぬけ出て国際的な意義をもつようになる。フランスのマルクス主義者アルチュセールは、今や世界的なマルクス主義者になる。アルチュセールは、マルクス研究を、そしてマルクス主義の思想を更新することになる。その経緯をみていくことにしよう。

# Ⅱ　アルチュセールの思想形成

# フランスの科学哲学

私たちは、前の節でアルチュセールが思索すべき思想的課題がどのようなものかを外廻りから眺めてきた。今度は、もう少しアルチュセールの内面に入りこんで、かれの思索の方法を考えてみることにしよう。思索の方法とは、マルクス研究の方法であり、マルクス主義思想を更新する戦略的拠点ともいうべきものである。

アルチュセールは、かれの思索の方法をフランスの先輩哲学者から学びとる。この「方法のまなび」は、アルチュセールの思想形成であり、思想の修練となる。

## 科学的表現の訓練

前にみたように、アルチュセールは、フランス－マルクス主義の「貧困」をうちやぶってそれをゆたかに現代によみがえらそうとした。その目ざすところは、マルクスの科学と哲学が本当は何であったか、を明らかにすることである。いいかえれば、その試みは、マルクスの科学と哲学の「再建」とよんでもよい。何よりもまず、マルクスの科学、すなわち『資本論』に述べられている社会と歴史の科学を、真実に科学たらしめることが肝心である。社会科学であれ自然科学であれ、科学はコトバ（言語）で書かれ表現される。科学的知識を学び理解するためには、科学的言語を読みとっていく方法が訓練されねばならない。

科学のコトバ、科学の言いまわし、つまり科学的表現は、フランス語で科学のディスクールといわれるが、このディスクールを分析し、その意味するところを理解することは、科学教育の基本である。どんな科学者も学校で事実上そうした修練を経ているはずである。そうでなければ、科学的研究のなかで概念を運用して科学的知識を産出することはできまい。

事実上、科学者たちがおこなっている科学言語（ディスクール）の使い方の学習――これはふつうあたり前のこととして、とりたてて問題にされない――を、自覚的に課題として研究する学問がある。「科学哲学」ないし「認識論」とよばれる学問がそれである。

### 科学の哲学

アルチュセールがマルクスの科学言語（ディスクール）を分析していく方法にすえるもの、それが科学哲学または認識論なのである。ついでに指摘しておくと、アルチュセールが「哲学」とか「マルクスの哲学」とよぶものも、中味をとって言えば、科学哲学＝認識論といってよい。科学哲学は、文字通り、科学の哲学あるいは科学についての哲学であって、科学言語の分析を研究対象としている。だから、この哲学は、つねに科学につかず離れずの姿勢をとっていて、科学の内部にいながらしかも科学とひとつにもならないという、かなり微妙な位置に身を置いている。

なぜこんなやっかいな、ある意味では科学にとっておせっかいとも余計なこととも見える仕事をするのかといえば、それにもそれなりの理由があるわけである。この点は、後に見るようにアルチュセールの哲学的仕事にとって大変大きな意味をもってくるので、ここでわずかながら言葉を費しておきたい。

ふつう常識的な見方からすると、科学は、とりわけ自然科学は、あらゆるイデオロギーから免れた客観的知識を生みだすものと信じられている。自然科学の生んだ知識は、人間の偏見を遠ざけ、つねに客観的であり、だから真実である。「科学的」とは「真実である」というにひとしい。科学のうちでも、社会や人間にかんする科学には、いろいろのイデオロギーが絡むけれども、自然を相手の科学には対象が自然であるだけに主観的な夾雑物《きょうざつ》もなく客観的である。表現形式が数理的になればなるほど、ますます客観的真理は完ぺきに近い——こういう考え方が専門家と素人とを問わず流布されているのではなかろうか。

ところが、実情はそうではない。最も客観的と信じられている自然科学（物理学など）も現実の作業現場では、社会科学と本質的にひとしく、いろいろのイデオロギーが乱れとんでいる。科学研究が純粋の思考空間——イデオロギーというバイキンのいない真空のごとき実験室——でおこなわれているというのは、神話に近いおもいこみである。研究室や実験室で仕事をする科学者たちは、生身の社会的人間であり、社会的生活者であるかぎりは、もろもろの世界観や信仰をいだいている。研究は、そういう科学的でない考え方と一体となっている人間のする営みであるから、科学的知識の生産行程の中に特定の世界観（自然観や人間観）がひそかに入りこまないはずはない。こう考える方がリアルではなかろうか。そして、事実、実情はそうなっている。

**科学的知識の中の真理と誤謬**

だからこそ、科学の哲学は、科学言語や科学表現の内に「ひそかに」侵入してくるもろもろの世界観（イデオロギー）を見つけ出し、分類し、それらの働きを解析してみせなくてはならない。イデオロギーから免れていると信ずることもひとつのイデオロギーであるから、こういう信仰は無自覚的であるだけに頑固で、科学的知識の産出にとってしばしば害になる。この有害な障害物の取りのぞきをすることが、科学哲学の主要な仕事のひとつなのである。

科学哲学は、科学が道にまよわずつまずかず歩むことができるように、道路掃除の役目をひきうけるといってもよい。消極的といえばかなり消極的な仕事ではある。しかし、真理だけでなく虚偽《きょぎ》と誤謬《ごびゅう》もまた科学的知識の生産行程のなかに組みこまれており、あえていえば誤謬もまた科学的知識にとって不可避の構成要素だとすれば、真理と誤謬との間に一線を画すだけでなく、誤謬そのものの「効用」をさえ確定することは、大いに積極的な意義をもつはずである。アルチュセールが、科学的なものとイデオロギー的なものとの峻別《しゅんべつ》を強調し、両者の境界線をたどることによってマル

オーギュスト＝コント

クスの思想の構造をあばいてみせるとき、かれの仕事のスタイルは、まさに科学哲学のスタイルなのである。

ところで、アルチュセールは、この研究方法としての科学哲学をどこから学んだのだろうか。アルチュセールの哲学的先輩は、誰々であろうか。

## コントの伝統

科学哲学という学問をフランスで創始した最初のひとは誰かといえば、多くの研究書が指摘しているように、オーギュスト＝コントであろう。フランスは近代哲学の創始者デカルトを生んだが、哲学一般ではなく諸科学について哲学的反省を加えるという独自の課題をもった科学哲学をも生んだのである。フランス科学哲学の生誕を告げる書物、それがオーギュスト＝コントの『実証哲学講義』であった。

デカルトの合理主義哲学とならんでコントの科学哲学は、一九世紀フランスの学界で独自の地位をきずいていった。コントが先例を示しているように、科学哲学は諸科学の歴史研究とひとつになって、現存諸科学の領域を調べていく。科学哲学は、科学一般の考察ではなくて、現実に働いている科学研究（物理学、化学、医学、生物学、社会諸科学など）が生みだす「一般的成果」をすくい上げ、科学的思考の構造や条件、さらに諸科学相互間の一般的成果（概念や方法）の交換・交流などを解明する。

二〇世紀に入っても、コントの思考様式はコントという固有名詞が消えた後にも生きのこり、二〇世紀の自然科学の成果に刺激された新しい研究をきりひらいていった。

ここでは、アルチュセールの科学哲学的教養の背景を探ろうとするのであるから、アルチュセールに直接に連なると思われる二〇世紀のフランスの科学哲学者たちに話をしぼることにしよう。

前世紀末から二〇世紀フランスの科学哲学（認識論）と科学史の研究を推進してきた学者たちを参考のためにリストアップしてみよう。P・デュエム（Piérre Duhem 1861−1916）、E・メイエルソン（Emile Meyerson 1859−1933）、L・ブランシュヴィク（Léon Brunschvicg 1869−1944）が古い世代に属し、次いでアレクサンドル＝コイレ（Alexandre Koyré 1892−1964）、ジャン＝カヴァイエス（Jean Cavaillès 1903−44）、ガストン＝バシュラール（Gaston Bachelard 1884−1962）などがつづく。その後につづく現存の学者たちのうちには、ジョルジュ＝カンギレーム（Georges Canguilhem 1904− ）、ジル＝ガストン＝グランジェ（G.G. Granger）、ジュール＝ヴイユマン（Jules Veuillemin）、ルイ＝アルチュセール、ジャン＝トゥサン＝デザンティ（J. T. Desanti）、ミシェル＝セール（Michel Serres）、ミシェル＝フーコー（M. Foucault）などが挙げられる。これらの人々は、それぞれの研究領域で卓越した成果を生み、現代フランス思想界のなかに科学哲学のゆるぎない伝統を確立した。

　アルチュセールは、こうした伝統の中で育ったといってよい。かれの思想形成がもっぱら科学哲学的訓練に終始したというのではないが、かれの思想の方法論をみるときフランスの科学哲学的伝統は大きいといわねばならない。アルチュセールは、マルクス主義者であるから、マルクス主義の方法を吸収することもかれの重要な思想形成史のひとこまであるが、マルクス主義の吸収と科学哲学の吸収とが一体となって進行したところに、かれの思想の独自性があるともいえるだろう。

　さて、先に列挙した面々にふれるのは本書の主題からややそれる。だから、アルチュセールに連なる思想の筋道を浮き出させる意味で若干の人々の仕事の性質をごくごくかいつまんで指摘しておくことにしたい。

　アルチュセールがしばしば言及してその学恩を告白しているひとといえば、それはバシュラールとカンギレームである。この二人についてはどうしてもふれておく必要がある。しかし、もうひとりフランスの科学史と科学哲学を代表するアレクサンドル＝コイレについても一言ふれておく必要もあろう。コイレの仕事の範囲は超人的でかんたんに要約するのを許さないが、かれの科学史観は国際的に承認ずみにもなっていることもあって、現代の思想動向の基底音をつくっているからである。

**コイレの不連続史観**　アレクサンドル＝コイレは、『ガリレイ研究』、『ニュートン研究』、『天文学革命』、『科学思想史研究』によって、科学史と科学哲学の領域で指導的役割を果たした。

科学の歴史、つまり客観的知識の生産の歴史について、コイレは大略こんなことをのべている。

科学の歴史的研究にはどんな利益があるのか、科学思想の発展の研究は、技術史の研究とともに、進歩の観念を与えそれに意味づけを与えてくれる。科学精神の進歩とは、安易な道ではなく、現実と格闘する人間精神の苦闘の道である。科学の歴史的研究は、人間精神の挫折と勝利を、現実を理解する道程の一歩一歩がいかに超人的努力を要したかを、教えてくれる。科学者たちの努力は、単に平板につみ重ねられるのでなく、時として突然変異をひきおこす。突然変異に似る知的変革の例は、一七世紀の科学革命に典型的に現れる。科学革命という知的変革は、科学精神のあり方の変革であると同時に哲学精神あるいは世界像の変革でもある。

アレクサンドル＝コイレ

コイレが述べているように、科学精神の発展は単に連続的に進行するのではなく、不連続として発展する。進歩の観念に意味があるとすれば、この不連続性、すなわち知的変革ないし科学革命という突然変異にある。ところが、伝統的な歴史観においては、社会史についても精神史についても、「連続主義的」史観が支配的である。

連続主義の視点からすれば、ある知的革新者が生れるにはその先駆者がいただろう、ということになる。こうして、先駆思想をさがし求め、萌芽思想を再構成してこの萌芽＝起源から発展した思想への連続進化を記述するのが課題となっていた。それは、啓蒙史観とよんでよい。コイレの仕事の意義のひとつは、啓蒙史観が主張する「先駆思想」の考え方を追い出して、逆に突然変異的な科学革命や哲学革命の構造と意味を強調したことである。

コイレが目ざした科学と哲学との両領域における革命の二重進行の意味（一七世紀の科学革命と哲学革命、代表者はガリレイとデカルト）の解明は、現在の科学史・科学哲学の学界ではひろく承認されている。そこにはまだ問いたずねるべき多くの諸問題が残されているにせよ、少なくとも理論的革命が社会史上の革命と同じ資格をもって主張できることを証明したことは、不朽の業績と言うべきである。理論形成体の歴史的変革は、いわば物質的な重味をもつ歴史的事件なのである。ところで、コイレ的不連続史観は、バシュラールの科学史観とも親和性がある。

**バシュラールの「ノンの哲学」**　ガストン＝バシュラールの科学哲学はコイレの場合と同じく、科学史研究と不可分である。バシュラールの研究対象は、コイレの研究が一七世紀の科学革命の時代に向けられたのとちがって、二〇世紀の「科学革命」に向けられている。一七世紀の科学革命は、伝統的な見方にかえて新しい科学精神を形成した。二〇世紀の自然科学、とりわけ物理学の革新もまた別種の新しい科学精神を生みだした、とバシュラールは主張する。バシュラールは、アインシュタインの相対性理論、ボーアやハイゼンベルクの量子論のことを考えている。バシュラールは、二〇世紀物理学の、ガリレイ・ニュートンの物理学に対する革新性を強調して「新しい科学精神」とよんでいる。

ガストン=バシュラール

「新しさ」は根本的な変革なしに生れない。革新と称せられるゆえんである。この点で、バシュラールの考え方とコイレの考え方とは一致する。両者とも、「新しさ」の哲学的意義を見定めるために、歴史の見方を変更する必要を強調した。コイレのところで指摘したことだが、バシュラールにおいても伝来の歴史観、「連続主義」歴史観との対決がいちじるしい。

一体、科学の漸進的出現はありうるのだろうか。「連続主義」的歴史観はもちろん科学精神の歴史的連続性を強調し、出来事の連続主義的物語りをつくり上げる。たしかに、科学の進歩というものは、はた目にはきわめてゆっくりと進行するようにみえる。科学は、徐々に常識から脱け出す。この緩慢《かんまん》なリズムが連続説をつくり上げる。しかし、それは外からみた「哲学者」の観察であって、科学者の精神の内部ではそうではない。内部ではたえざる論争があり、ひとりひとりの科学者の内面で自己批判と吟味、「切断」が生じているはずだ。科学的進歩の「爆発」点では、それ以上のことが、つまり革命的変革の時間が流れる。たえざる非連続、集中的な爆発と変革、これが科学精神の営みにふさわしい事態である。

バシュラールは『ノンの哲学』という書物を書いているが、かれのいう「ノン」(否または非)とは単なる否定でなく、右にみたようなたえざる切断と拡張ないし一般化の営みをさす。ものの見方のたえざる変更、それによる新しい展望と一般化の試みといえよう。「非デカルト的」とか「非ニュートン的」といった形容を、バシュラールが使うとき、この「非(ノン)」とはデカルトやニュートンの知識をまるごと否定することではなく、それらを一部としてふくむより一般的な妥当性をもつ知識の生産を意味する。「非」とは批判的にして建設的な科学的精神の活動形式である。

このことを別の用語法でいいかえてみよう。バシュラールは、しばしば「認識論的障害物」―「認識論的切断」という対句の表現法をとっている。バシュラールの科学哲学(認識論)といえば、この二つのコトバが想いおこされるほどに有名なコトバである。事実、この専門用語はバシュラールの思想をきわめて適切に表現している。

**「認識論的障害物」と「認識論的切断」**

「認識論的障害物」とは、その名が示すように、科学的認識を妨害するものである。この障害物は、眼の前の物理的なもののように手にとるように明白だというわけにはいかない。むしろふつうには科学者の頭の中で実在しながらかくされており、自覚されないままである。もしも障害物がつねにはっきりと見つけ出されるなら、それらはいつでも除去できるわけで、わざわざ障害物と大層に言うにはおよばない。バシュラールがいう「認識論的障害物」は科学者の認識活動とひとつになっており、客観的知識を構成しているものなのである。そうだとすれば、どうやってこの障害物を見つけ出すか。

実をいうと、この障害物は、「後から」見つけ出される、あるいは自覚される。「後から」というのは、第一に、科学的知識の生産が終わった後でということを、第二にこの知識が一定の完成をみた後で、ということを意味する。このとき、科学者は自分のよって立つ地盤を反省できるだろうし、知識の生産行程の肯定的および否定的要素を判別することもできるだろう。誤りは後から発見される。障害物はいつも初めからあったが、ひとは知らぬまにそれをのりこえる。障害物をのりこえるのが科学であり、のりこえに失敗すればそれは非科学的、前科学的、つまりイデオロギー的なものにとどまる。この「のりこえること」を「認識論的切断」という。

科学の営みのなかには、きわめてたくさんの障害物がひかえている。きわめて原始的なものから大変洗練されたものにいたるまで、この障害物の一覧表ないし目録をつくるとすれば、そうした研究は科学史の仕事となるだろう（バシュラール『科学的精神の形成』国文社刊、はこの種の研究の範例となっている）。障害物の歴史的研究も大事だが、ただ今現在活動している科学的研究の中で作用をおよぼす障害物の研究が重要である。障害物は科学者自身にとって自覚的に認知できないものなら、科学哲学が代わって認知するほかない。科学哲学者は、科学の歴史的研究の知識をもとに、現実の科学活動の中に障害物を発見しそれを一掃する務めを果たさなくてはならない。障害物は、科学精神にとって一種の病理現象であって、障害物の除去とは一種の治療となる。だから、科学哲学・科学史研究は、科学の病理研究にして治療学ともいえよう。バシュラールは、そのことを「客観的認識の精神分析」とよんでいる。精神分析学が病理研究にして治療学であったように、バシュラールの科学哲学もまたそうである。

「認識論的障害物」は、かつてあったし、今もあるし、将来もありつづけるであろう。きわめて古い歴史的起源をもつ障害物が現在の科学的実践の内に再現するだろう。古い病理が再発すると言ってもよい。過去が現在をとらえ、現在に回帰する。現在はいわば過去の精神の織り物である。科学精神は、それでもその過去をうちやぶりつつ新しさを求め前進する。科学的実践は、はた目にみえるほどには軽快でなく、むしろ緩慢であり鈍重でさえあるだろう。障害物の重みが大きいからだ。それだけに、科学による客観的知識の生産は貴重であり、その努力は栄光に充ちるものでさえある。

いずれにしても、現実の科学的営みの内部を分析し、そこに巣喰う障害物を見つけ出すためには、過去の科学的実践についての知識が必要であることがわかる。科学哲学者は、過去の科学的実践の中で生きていた障害物や障害物をのりこえた科学の道ゆきについて確実な知識をもたねばならない。諸科学の歴史的研究はその役目をひきうけるのだが、科学哲学と科学史とは一体となるとき、現在の諸科学の活動をより良く知ることができる。

**つくりかえられるべき歴史**

このように、バシュラールは、科学の対象の歴史性を強調していた。科学の対象は、自然科学の対象であれ社会科学の対象であれ、歴史のなかで生きる人間が想像したものであるから、そこには歴史的な営みがいわば沈澱している。過去の障害物が現在へと不断に回帰=再現するとまえに述べたが、この事実は科学の対象の歴史性をよく示している。この面からみると、バシュラールの科学哲学は「歴史的な」哲学であるといえるだろう。というのは、この哲学は科学の歴史（または対象の歴史性）とひとつなのだから。他方、科学の歴史的研究は、いつも科学哲学的研究であってたんなる実証主義的歴史研究ではありえない。科学史はその方法を科学哲学から与えられる。

　このことを別の形でいいかえると、ここで語られる歴史とは人々が生きたナマの経験のことではなく、たえず現在の理論的水準からつくりかえられるという性質をもっている。歴史は、過去から未来へ向かう時間の一方的流れではなく、科学史であれ社会史であれ、現在からのつくりなおしである。歴史はとうの昔に与えられてしまっているものではなくて、理論的に構想されなおすものである。色濃く過去の性格をもつ「認識論的障害物」をたえずのりこえる（「認識論的切断」）科学的実践は、それ自体ですでに歴史のつくりなおし、書きなおしをやっているといってよい。

アルチュセールは、このようなバシュラールの考え方をうけつぐ。要約すれば――第一に「認識論的障害物」――「認識論的切断」という対句で考えられる科学的実践論、第二に、歴史とは私たちが日常的に意識している過去―未来の経験的時間の流れではなく、むしろたえずつくりかえられるべき概念である、ということ、日常的歴史観と概念的歴史とを区別すべきこと、である。アルチュセールは、マルクスにおける科学的実践と歴史の概念を考えるとき、バシュラールの遺産を利用することになる。

### カンギレームの影響

ジョルジュ＝カンギレームの名は、コイレやバシュラールに比べて、知られていない。しかし、フランスでは並々ならぬ影響力を科学史研究の領域でもっているひとである。ここで私たちはアルチュセールの知的装備の背景を調べているが、カンギレームはアルチュセールにとって大変重要な意義をもっている。アルチュセールは、ある所で、「カンギレームは私にとって測り知れないほど重要である」とのべている。アルチュセールはその理由を詳しくのべているわけではないが、この述懐が書かれている文脈からすると、バシュラールの読み方に関連しているように思われる。

カンギレームは、バシュラールの科学哲学についていくつか論文を書いている。その読み方から、アルチュセールは多くを学んだと思われる。バシュラール——科学哲学者にして詩論家——をどう読むかは、アルチュセールだけでなく、現代フランスの科学哲学者や科学史家にとって、きわめて重要な基礎教養になっているようだ。アルチュセールはバシュラールの遺産をうけつぐとき、カンギレームがバシュラールに読みこんだ内容あるいは読み方の方向を拡大し深めていったと思われる。

私たちはすでにバシュラールについて概観をえているが、この概観は実はカンギレーム的な読み方であった。バシュラールにおける「障害物」——「切断」の対句が指し示す科学的実践論、科学史と科学哲学（歴史と理論）の統一の意義、これらはカンギレームがとくに注目したものである。

カンギレームは、『一七・一八世紀における反射概念の形成』、『生命の認識』、『正常と異常』、『科学史・科学哲学研究』などの著作をものしている。かれの研究フィールドは、主に生物学と医学の歴史で、きわめて地味な仕事である。今や日本でも有名なミッシェル＝フーコーは、カンギレーム門下の俊才で、カンギレームの仕事のすぐれた継承者である（フーコーには、『臨床医学の生誕』みすず書房、『狂気の歴史』新潮社、などがある。ついでに言う

ミシェル＝フーコー

と、フーコーはアルチュセールの教え子でもあったが、これらの著作で師のアルチュセールに大きな刺激を与えた)。

カンギレームは、バシュラール研究でアルチュセールに影響を与えたばかりでなく、かれ自身の歴史研究もまたアルチュセールに多くを教えたと思われる。ある科学の最も基礎的な概念は、科学の創設と発展を導く。この基礎概念がどのように生れ、どのように発展したかを知ることは、ひとつの科学の理解を左右する。カンギレームの『反射の概念』(一七・一八世紀の生理学史)は、そのような仕事である。カンギレームの仕事は、後にアルチュセールがマルクスの『資本論』を研究するときのひそかな模範になったと思われる。

ところでもうひとつみすごすことのできないことがある。カンギレームの科学哲学のなかで、アルチュセールとのかかわりでとくに重視すべきこと、それは、科学的実践がひとつの明確な構造をもった理論的実践である、という主張である。

カンギレームは、バシュラールの哲学にふれて、こう言っている——バシュラールの「ノン(非)の哲学」は、「労働(トラヴァーユ)の哲学」である、と。すでに私たちがみたように、バシュラールの「ノン」の哲学は単なる否定の哲学ではなく、新しい科学精神の生産的活動を教えるものであった。カンギレームが「ノン」を「労働」と読みかえているのは、注目に値する。この「労働」とは科学の知識を生産する行為である。だから、カンギレームにとって、科学哲学とは科学的実践あるいは科学的労働の哲学である。科学的労働とは、「概念をつくり上げること」であり、概念の外への広がりと内への深まりを試み、例外を吸収して一般化をはかることであり、場合によってはその概念をもとの領域から他の領域へと移動させたりする（『科学史・科学哲学研究』）。

このように、概念を産出し、深め豊かにする活動、一言でいえば、理論的実践としての科学的認識活動、このことをカンギレームはバシュラールからひき出しつつ、自分の哲学の土台にすえた。この主張は、後にアルチュセールが主張する科学論とぴったり一致する。例えば、アルチュセールのつぎの文章をみていただきたい――「理論的実践は、実践の一般的定義にふくまれる。理論的実践は、≪経験的≫・≪技術的≫・≪イデオロギー的≫などの他の種々の実践が与えてくれる原料（表象、概念、事実）に働きかける。……ある科学の理論的実践は、科学の歴史のイデオロギー的な理論的実践からいつもはっきりと区別される。」（『マルクスのために』）

このように、カンギレームは、バシュラール論、科学史研究（医学・生理学史）の具体的模範、科学論＝理論的実践論の三つの側面で、アルチュセールに多大の示唆を教えあるいは刺激を与えた。この事実は、後に「アルチュセールの仕事」の項ではっきりするはずである。

私たちはこれまで、後にみるアルチュセールの理論上の仕事を理解するために役立つ事実を調べてきた。アルチュセールの思想形成は、マルクス主義を除いていえば、フランスの科学哲学の伝統のなかに根づいている。アルチュセールは、フランス科学哲学の正統的な継承者である。

## マルクス主義の論争的状況

**論争への参加**　前項でみたフランスの科学哲学は、アルチュセールの理論の実質的な中味であり養分になるはずのものである。けれども、アルチュセールがマルクス主義者として自己形成をとげていくとき、もうひとつの背景がみおとせない。それは、西欧の、とくにフランスのマルクス主義の論争的状況である。この思想環境のなかで、どのような位置を選びとるかはアルチュセールにとって大変重要な意味をもったはずである。どのようなイデオロギー（思想傾向）に反対し、どのようなイデオロギーに味方するか。この論争状況もまた思想形成に一役かうものである。

あとで詳しくみるように、アルチュセールの主要な著作（『マルクスのために』、『資本論を読む』、『科学者のための哲学講義』など）は、つねに論争的なスタイルで書かれている。論争という形で現実の政治状況に参加すること、それは社会思想にとって欠かすことのできない要素である。とりわけ、マルクス主義のような社会思想は、現実の政治状況への参加は不可欠であり、その思想の深化もたんに頭の中で動いていくものではありえない。マルクス主義者アルチュセールは、マルクス主義の原則に沿って自分の仕事をすすめる。

西欧マルクス主義の状況は、どのようなものであったか。アルチュセールが論文や著書を発表しはじめていた頃をふりかえってみよう。かれの仕事が人目にふれはじめる時期は、およそ一九六〇年前後である。第二次大戦終了後から六〇年頃までのフランスのマルクス主義の状況を、主な思想傾向をぬきだす形で、回顧してみよう。

**第一の思想傾向――スターリン主義**　二〇世紀のマルクス主義は、ロシア革命の大きなインパクトをうけて、ロシアのマルクス主義に代表されるようになる。古典的マルクス主義は、マルクス＝レーニン主義と称されることになった。それ以前までは、マルクス主義はマルクスやエンゲルスの著作に盛られた思想を指すとみなされていたが、今度はレーニンの思想も加えられて、マルクス主義とはマルクス＝レーニン主義、もっと要約してレーニン主義を指すことになった。

レーニン主義とは何であるかは、レーニンに即するかぎり、それほど明白でない。レーニンは、いくつかのすぐれた経済学や政治学の書物で知られているが、社会と歴史の見方の面では、マルクスとエンゲルスの文章をそのままひきついでいる。レーニンの偉さは、学者的な仕事の面でよりも、かれが指導した革命の事業のなかにあるのだろう。思想を論ずる学者たちが余り注意しない政治論文や決議文のなかにレーニン独自の「思想」が実現されているともいえよう。いずれにしても、レーニンの思想があるとすれば、学問的にはこれから発見されねばならない。この意味では、一般的な社会・歴史思想としての「レーニン主義」なるものには「まだない」のである。

それでは、マルクス＝レーニン主義といわれるときのレーニン主義とは何だろう。このレーニン主義は、いわば政治的スローガンであって、悪くいえばたんなる符牒《ふちよう》のようなものである。しかしそれでも二〇世紀マルクス主義は、このレーニン主義で動いてきた。ところで、このレーニン主義をつくり上げるのに最大の貢献をしたひと、それがスターリンであった。

スターリンは、『レーニン主義の基礎』を書いて、かれ流のマルクス＝レーニン主義をつくり上げた。この政治的立場の定式化の外にも、スターリンは『弁証法的唯物論と史的唯物論』を書いており、マルクス＝レーニン主義の「哲学的」基礎を与えもした。レーニンが政治理論についても哲学と社会理論についてもごく断片的な著作やノートをのこしただけであるが、スターリンは、良くも悪しくも体系的な著作をのこしている。

学問的レベル（経済理論や哲学ノートなどにみられる仕事）では、レーニンはスターリンに比べてははるかに高水準である。しかし、政治的実践の場では、指導者も大衆も学問的な著作を好まない。通俗的な教育用パンフレットが好まれる。影響力の面から測れば、学問的にしつこい書物などは、口当りのよい通俗教科書にはかなわない。その意味で、スターリンのいくつかの著作は、その通俗性のゆえに甚大な影響力を全世界におよぼした。

スターリンの影響力は、かれの仕事の通俗さだけによるものではない。ロシア革命の栄光はつい最近までつづいていたし、ロシア共産党の見解は全世界の共産党の見解になっていた。そのロシアの「偉大な」指導者スターリンの言うことは、今のひとには想像できないだろうが、絶対的なものであった。スターリンは、その政治的地位と仕事の通俗性に助けられて、マルクス＝レーニン主義という名のスターリン主義を全世界にばらまいた。

スターリン存命中は、レーニンもスターリンも一緒にされ、マルクス＝レーニン主義の名のもとに一切合財がぶちこまれていた。レーニンとスターリンが分離されたり、さらにすすんでレーニンもスターリンもふくむロシア―マルクス主義が客観的に批判され分析される動きは、ごく最近に始まった動向である。一昔前までは、そうはいかなかった。言うまでもなく、フランスのマルクス主義もまたマルクス＝レーニン主義という名のスターリン主義の立場に盲従していた。

スターリン主義が歴史において果たした役割は、今後歴史学者によって解明されていくであろう。しかし、マルクス主義のうちのひとつの思想傾向としてのスターリン主義、その哲学的・理論的立場への批判は、先にのばすわけにはいかない。スターリン主義を信ずる人々は別にして、誠実に思索するひとは日々の行動のなかでその傾向を批判していかねばならない。自分の中にその傾向があるなら、自己批判がたえざる課題となるだろう。

スターリンの死後スターリン批判の気運が生じたが、いつのまにかうやむやにされてしまうなかで、アルチュセールはスターリン主義への哲学的批判に手をそめていく。誰もがスターリン主義者であったように、アルチュセールもまたスターリン主義者であっただろう。批判と自己批判の歩みは、はじめはぎこちなく、しかし着実におこなわれる。

アルチュセールが伝統的マルクス主義から手を切りはじめるとき、その論争的批判の相手はスターリン主義的ドグマティズムであった。このドグマティズム——客観主義といわれ経済主義ともよばれる——の根は深い。マルクス以後のマルクス主義の歴史が解剖されねばならない。アルチュセールの場合この仕事は、きわめて抽象的な形であるが、マルクス主義の新しい理論的定義を与える試みの中で共に実行される。

**第二の思想傾向——ヒューマニズム**　ヒューマニズムは、日本語に移せば人間中心主義となろうか。このコトバは、その名が示すように心暖まるコトバである。事実、多くの人々はこのコトバによって苦しい状況の中でなぐさめられてきた。ヨーロッパの場合、スターリニズムの政治やファシズムのなかで苛酷な境遇に身をおいた人々は、非人間的状況（疎外というコトバで表現される）を告発し、ヒューマニズムに立ちかえることをくりかえし主張した。

ヒューマニズムは、もともとは、古典古代（ギリシア・ローマ）の文献を研究することを意味した。ヒューマニストとは、古代の研究者を指す。ルネサンス時代に生れたこのコトバの中には、中世の「暗黒」時代にはみられなかったナマの人間の生きざまを古典古代に見出すことも含まれていた。ルネサンスとは、「黄金時代」の人間の「再生」を、新しい「生誕」を意味している。普遍的にして不変の人間の本質を探求し、またそれを主張する現代的ヒューマニズム論は、ルネサンス・人文主義の含意から流れ出る。

ところで、ヒューマニズム＝人間中心主義というときの「人間」とは誰であるのか。この「人間」の「誰」を探すとき、ヒューマニズムは語義の上でルネサンス・人文主義とのかかわりだけでは明らかにならない問題がでてくる。近代市民社会の発達の中に、とりわけ近代資本制社会の歴史のなかに「人間」がさがし求められる。

近代市民社会のなかでの「人間」とは、「市民」である。「市民」とは何よりもまず「ブルジョア」である。「ブルジョア」は、ヨーロッパ都市をつくり、都市という共同社会をつくり上げていった堅実な市民のことである。その後の歴史のなかで、わけても資本制商品経済の発達の中で、ブルジョア＝市民は、大ブルジョアと小ブルジョアに、小ブルジョアから都市貧民へと、分解が生ずるが、この現実の社会史の流れにもかかわらず、ブルジョアとは都市を構成する同権の市民という観念は生きつづける。市民革命（ブルジョア革命）によって封建身分が解体し、法制上すべての国民が同権の市民になっていくとき、人間とは市民＝ブルジョアであることが制度上も思想上もうちかためられていく。

このような文脈で考えるとき、ヒューマニズムとは、近代ブルジョア＝ヒューマニズム以外にないということがわかる。思想家たちの理論的努力によって、ヒューマニズムは歴史的に限定された「近代」的人間（ブルジョア）のことだけでなく、もっと普遍的な人間、人間の普遍的本質をこそ主張するものだ、といわれるようになる。しかし、こうした主張はきわめて新しい主張であって（一九世紀前半）、この意味でのヒューマニストが多くなるのは、二〇世紀に入ってからだといってよい。

ヒューマニズムは、「主体（主観）」を重んずる。何よりも、この「私」がもっとも大切である。「主体」とは「私（われ）」である。「私」＝「主体」とは、近代市民社会の「市民」（歴史的にはブルジョア）である。

このように、哲学的なカテゴリーとしての「主体」は現実の社会に根をもっている。とくに、この「主体（われ＝私）」は、法的な主体であり、何ごとかに権利をもつ主体である。同じく、「客体（客観）」も、主体から働きかけるものであるが、法的には主体が権利上所有できる物である。哲学上の「主体」―「客体」のカテゴリーは、現実の社会の構造を反映している。現実の社会の中には、いろいろな階級に属する人々がいるが、ブルジョアも小ブルジョアもプロレタリアもおしなべて「主体」としてみなされるのが、近代社会の特有の構造である。ブルジョアもプロレタリアも同権の市民というわけである。これは、たんなる観念とかイデオロギーではなく資本制商品経済に根拠をもっているのである（商品交換の当事者を考えていただきたい。当事者たちのうちの一方がブルジョアで、他方がプロレタリアでも、二人は共に同じ権利と自由をもつ「主体」である）。

近代ヒューマニズムの思想の根本的な概念（主体や客体など）を社会史的に洗い出してみると、以上のような意味をもっていることが分る。人間中心主義の「人間」も近代的「人間」、つまり「ブルジョア的」人間のことになる。ブルジョア－ヒューマニズムと称されるゆえんである。

**マルクス主義とヒューマニズム**

ヒューマニズムの思想が歴史的に積極的な役目と重要な意義をもったことは否定できない。しかし、今問題なのは、マルクス主義とヒューマニズムの関係である。近代社会がつづくかぎり、ヒューマニズムの人間とはあくまで近代ブルジョア的人間であるほかはない。近代社会と近代的人間を批判しのりこえることを目ざすマルクス主義は、思想の原則からいってそれと一緒になることはできないはずである。ところが、二〇世紀の中頃になって、マルクス主義的ヒューマニズムがさかんに論じられ主張されもした。原理的に相いれないはずの二つの思想が接合されはじめた。どうしてなのか。マルクス主義の内部でヒューマニズムをとり上げる動きが出はじめたのは、まず最初に第一次大戦後において、ついで第二次大戦中の「人民戦線」期においてであった。とくに第二次大戦前後のヒューマニズム論は、明らかに政治戦術上の議論であった。ファシズムと戦うために、マルクス主義と近代ヒューマニストが共に手をにぎりあう必要があったからだ。そして、第二次大戦後、とくにスターリンの死後に、再びマルクス主義的ヒューマニズム論がさかんになる。これはスターリン主義の「非人間的」結果への反発から生じたと思われる。フランスの場合、サルトル的実存主義がマルクス主義に接近しつつ、スターリン主義的マルクス主義の「欠陥」をあばいてみせる。サルトルは、マルクス主義における人間論の欠如を実存主義で埋めることを提案したが、これもヒューマニズム論議をさかんにした一因になっている。

　ヒューマニズム的マルクス主義がスターリン主義批判に大いに貢献したことは事実である。ヒューマニストの努力によって、全世界に支配力をふるっていたスターリン主義的マルクス主義観が徐々にくずれはじめたからである。フランスでは、アンリ＝ルフェーブル（Henri Lefebvre 1901— ）『マルクス主義の現実的諸問題』現代思潮社刊）やリュシアン＝ゴルドマン（Lucien Goldmann 1913—70)（『人間科学と哲学』岩波書店刊、『人間科学の弁証法』イザラ書房刊）たちが、マルクス主義の中にヒューマニズムを復権させようとする。かれらは近代ブルジョア的人間をマルクス主義の中にもちこもうとしたのではなく、近代哲学がよりどころにしてきた「われ（私）」の「主体性（主観性）」を「われわれ（階級）」の「主体性」に転換させようとしたのである。スターリン主義の思想と政治の下では、「主体」たる「労働者階級」が余りにも「主体性」を欠き、みじめな状態におとしめられていたからである。

　「われ」から「われわれ」へ、というのはごく単純な道のようであるが、理論的には大変困難である。多くのすぐれた哲学者たちが努力してみたが、今のところ十分成功してはいない。ルフェーブルやゴルドマンの仕事も、抽象的な理論レベルではごくごく浅薄なものである。

**サルトルとマルクス主義**

そこで、ムッシュー＝サルトルが登場する。サルトルは早くからボルシェヴィズム（ロシア＝マルクス主義、スターリン主義）を批判してきたが、ある時からマルクス主義への一種の「転向」をとげる。サルトルはマルクス主義者になったわけではないが、先にふれたようにマルクス主義の「穴」を埋めようとした。サルトル的人間は、哲学用語で「実存」とよばれる。サルトルの「実存」とは、「われわれ」でなく「われ」、つまり私的個人の生活のことである。サルトルにとって一番大事なことは、「私」の「実存」である。それに比べれば、社会とか歴史とかは二次的である。社会や歴史はむしろ「私」の「実存」によって「根拠づけられる」。サルトルは、マルクス主義の「穴うめ」のために尨大な著作『弁証法的理性批判』を書いた。けれども、サルトルの「実存」とは近代的私的個人であり、階級闘争のマルクス主義とは折あわないはずで、結局かれの努力は折衷主義に終わることになる。

サルトル

とはいえ、サルトル、ルフェーブル、ゴルドマンその他の人々のヒューマニズム論は、大変な影響をもった。全世界的にみれば、ジェルジ＝ルカーチ（György Lukács 1885—1971）の『歴史と階級意識』（邦訳白水社刊）やカール＝コルシュ（Karl Korsch 1886—1961）の『マルクス主義と哲学』（邦訳ミネルヴァ書房）が階級的主体性とヒューマニズムを論じており、これら一九二〇年代の著作が五〇〜六〇年代にも復活してくる。イタリアのすぐれたマルクス主義者アントニオ＝グラムシの獄中時代の遺稿集が発刊されると、かれの仕事もまたヒューマニズム論の文脈で読まれ、大きな影響力を及ぼした（グラムシはムッソリーニ Benito Mussolini 1883—1945 によって投獄されたまま獄死する）。

ヒューマニズム論が開花したことのうらには、余りに貧しくおぞましいスターリン主義的マルクス主義の思想と政治の現実があったのである。人々は、スターリン主義にかわる思想をもとめて暗中模索する。ヒューマニズム再興は、スターリン主義の反動として否定的な形ではあれ、新しいマルクス主義への胎動を示してもいた。

けれども、理論的には、思想の原則からして、マルクスの思想とヒューマニズム論とは折衷できない。若きマルクスは、ヘーゲルとフォイエルバッハの影響下でヒューマニズムの理論（疎外論）をつくっていた。若きマルクスは、ヒューマニズム的マルクス主義者の典拠となったが、マルクス自身はある時期からかつての立場を棄て去る方向に進む（この点は、今もなお論争中の問題であるが）。

もしそうだとすれば、ヒューマニズム的マルクス主義の立場はマルクスと相いれないことになる。アルチュセールはこの方向でマルクス研究をすすめるが、アルチュセール的にいえばマルクス主義的ヒューマニズム論は、思想の原理に即してみるかぎりマルクス主義の中へ「ブルジョアーイデオロギー」を侵入させる許せない仕事となるだろう。アルチュセールにとって、ヒューマニズムが論敵になるゆえんである。

アルチュセールの眼前に進行していたマルクス主義思想の動向は、右の二つの傾向（スターリン主義、ヒューマニズム的マルクス主義）のせめぎあいであった。アルチュセールの理論的仕事は、この両傾向を同時に批判しのりこえることに収斂《しゅうれん》する。いずれにしても、論争のなかで自己をきたえ、独自の思想をつくり上げていくこともまた、ひとつの思想形成となる。

つぎに、節をあらためて、アルチュセールの理論の中味を具体的に逐一調べていくことにしよう。

# Ⅲ　アルチュセールの仕事

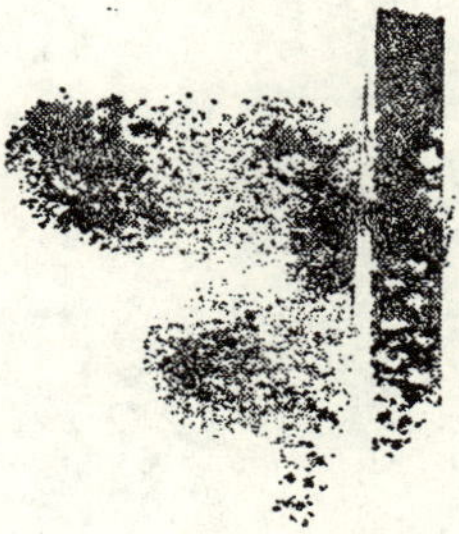

さていよいよ私たちはアルチュセールの仕事の中味を調べる段階にきたようである。

## 理論的探究への出発

アルチュセールの哲学的・理論的探求の目標は、マルクスが『資本論』のなかで提示している理論（科学の理論と哲学）を解き明かすこと、さらにマルクスの理論と方法に沿ってマルクス主義の思想を発展させること、に尽きる。

このような仕事は多くのマルクス主義者たちが手がけてきたし、研究の蓄積もある。しかしマルクス主義思想史が証言しているように、それは並大抵の仕事ではない。すでに出来上がっている通説を反復し口当たりよく解説するといった仕事（例えば、スターリンがやったような、また無数の党員学者がやったような仕事）は何らむずかしいことではない。

理論的探求は、通説のおうむがえしではなく、これまで知られていなかった何ごとかを解明したり「発見」したりすることでなくてはならない。ごくわずかでもよい、新しいこと、驚くべきこと（この場合世間が驚く必要はない）を見出し、産み出すこと、これは科学者と哲学者に共通する学問的使命なのである。アルチュセールは、こうした学者（思想家）にふさわしく、通説にこだわらず、むしろ通説を破壊し解体しつつ自説をねばりづよくおし出していく。かれの仕事のなかには、ひとつとして通説じみたものはない。多くの人々がアルチュセールのなかにマルクス主義の「異端」的要素をかぎとったのもゆえなしとしないのである。

さて、私たちは、アルチュセールの仕事をみていくに際して、仕事の中味をいくつかの項目に分けて考察していきたい。大ざっぱではあるが、つぎの四つの項目を立てよう。

㈠　初期マルクス研究
㈡　弁証法研究
㈢　『資本論』研究
㈣　イデオロギー論

㈠～㈣の諸項目にあげたテーマはいずれもマルクス主義の思想界ではげしい批判と論争をよびおこしたものである。いずれも発表された当時は、異端説扱いをうけたが、時を経るにつれて思想界に定着し、影響を各分野（マルクス主義の内部にとどまらない）におよぼしていく。

## 初期マルクス研究

**「初期マルクス」とは**

「初期マルクス研究」そのものは、思想史研究という学問分野のなかでは非常に大きい位置を占めており、すでに長期にわたる深い研究の蓄積がある。マルクスという思想の巨匠は、若い時の仕事も大いに注目されるわけである。けれども、この種の研究は、マルクスだけに注意が向けられるのではなく、若きマルクスが生き経めぐったドイツの思想史全体（一八三〇年代と四〇年代）が探求されるのである。

しかし、ここで取り上げるテーマは、多くの研究者がとりくんでいる「初期マルクス」それ自体ではない。アルチュセールが先人のマルクス研究をにらみながら、「初期マルクス」という思想現象にどうとりくんだか、をみようと思うのである。アルチュセール自身には、実証的歴史研究といえるほどの「初期マルクス研究」は公表されていない。アルチュセールは、初期マルクス研究の新しい方法論ともいうべきものを公表しているだけである。その裏には、ヘーゲル（Georg Wilhelm Friedrich Hegel 1770—1831）とフォイエルバッハ（Ludwig Feuerbach 1804—72）の思想を深くかいくぐったアルチュセールの「実証研究」がかくされていると想像することはできる。いずれにしても、初期マルクスの思想にどんな理論的対応をするかがマルクスの思想理解の分れ目になる。数々の論争も、たんなるマルクスの語義解釈であるというよりも、このような思想的態度決定上の対決といってよい。アルチュセールの理論的対応の仕方を浮き彫りにする形で、かれの主張についていってみよう。

議論の内容に入る前に、「初期マルクス」とはどの時期の、どの著作をさすのかを予め指摘しておこう。伝記の上では学生時代のマルクスも初期マルクス研究にふくめることもできるが、やはり思想活動を開始してからのマルクスの仕事を考察に入れるべきだろう。「初期マルクス」研究上の重要な著作は、一八四一年の学位論文『デモクリトスの自然哲学とエピクロスの自然哲学の差異』、一八四三年の『ヘーゲル法哲学批判』(草稿)、一八四四年の『経済学・哲学草稿』である。この時期に書かれた社会批判の諸論文もあわせて考察されるのがふつうである。しかし、何といっても、四三年の『ヘーゲル法哲学批判』と四四年の『経済学・哲学草稿』が、とりわけ後者が議論の中心になる。初期マルクスといえば、『経・哲草稿』が想いうかべられるほどである。以下の議論もこの『経・哲草稿』(パリ亡命中に書かれたので、『パリ草稿』ともよばれる)が焦点となる。

**初期マルクス観の類型**　さて、アルチュセールは、自説をおし出すためには、他の諸々の見解を批判しなければならなかった。論争相手になる見解とは、どのようなものがあったのか、参考のために「初期マルクス」観の型を列挙しておきたい。

まずはじめに、「正統」マルクス主義の見解がある。「正統」とは、「マルクス＝レーニン主義」とよばれるロシアーマルクス主義あるいはスターリン主義を指しており、批判者から「官許マルクス主義」と指弾される立場である。この立場による「初期マルクス」観はごくあっさりしたもので、要するに「初期マルクス」はブルジョア思想の枠内にあったマルクスであってとるに足りない、だから研究するに値いしない、といったものである。経済学者マルクスだけが本当のマルクスだというわけであろう。もっとも、『経・哲草稿』が公けに人目にふれるのは、一九三〇年代以降のことであるから、久しい間、初期マルクスが無視されつづけられたことにもそれなりの理由があったようだ（レーニンは『経・哲草稿』を知らなかった）。いずれにしても、この型はここでは無視してよい。

「初期マルクス」が注目されるようになるのは、『経・哲草稿』の発表以後である、これをめぐって、「初期マルクス」とそれをとりまくドイツ思想史がはじめて学問的研究の対象になってくる。研究史のなかでうみおとされた『経・哲草稿』（＝初期マルクス）理解の二つの型が、ここでは注目される。

**「未熟なマルクス」と「真の哲学者マルクス」**

㈠　初期マルクスはまだ本来のマルクスではないが、それでもすでに「唯物論」的要素をふくんでおり、後のマルクスを「おもわせる」。この「要素」が豊かにふくらんでいけば、「マルクス主義者」、「弁証法的唯物論者」としてのマルクスに「なるだろう」。このように、初期マルクスの中に後のマルクスの思想の「芽」を読みこんでいくわけである。この考え方は、マルクスの思想形成史に関する一種の「連続主義」史観である。このとき、ひとつのまとまりのある「初期マルクス」は、一方の「唯物論的」側面と、他方の「観念論的」・「ブルジョア的」側面とに分解され解体される。「良い」側面がうけつがれ、「悪い」側面がすてられる、というわけだろう。おそらくここには、すでに固定したマルクス像が前提されていて、この前提＝目的からすべてが裁断されている。形式主義的な分類と一種の道徳判断（「良い」・「悪い」という）が働いている。これは、まだ客観的な思想研究にはなりえない。この考え方は、実は、支配的な見解であって、前にのべた「正統」マルクス主義に連なるものでもあった。なぜなら、この考え方によると、初期マルクスはやはり「未熟な」マルクスにかわりないからである。

(二)　(一)の伝統的・支配的見地に真向うから対立する見地がある。(一)の立場は、「初期マルクス」を実質上軽んじて、後期マルクスの思想（具体的には経済学者マルクス）ばかりをもちあげるが、(二)の立場は反対に「初期マルクス」こそ真のマルクスの思想であると主張するのである。

伝統的なマルクス像は、社会科学者マルクスであって、なるほど科学的社会理論はあるが、「人間」についての深い哲学的省察が欠けている。マルクス本来の哲学思想は、初期マルクス＝『経・哲草稿』にふくまれており、これなくばマルクス主義は人間社会とその変革の思想になりえない。初期マルクスの「哲学」と後期マルクスの「科学」（経済学）を統一するとき、はじめてマルクスの実像が結ばれる。初期と後期とは対立するのではなくて、互いに補い合うものだ……。

第二の立場は、マルクスの「哲学」を求めて初期マルクスを「発見」する。極端な場合には、初期マルクスだけが本当のマルクスで後期マルクス（例えば『資本論』）はむしろ余計なものにすらなってしまうほどだ。なぜこれほどに、初期マルクスの「哲学」が歓迎されたのだろうか。第一に、伝統的なマルクス主義（例えばスターリン主義）は余りに「客観主義」的で人間の「主体性」（自由、責任、実践）が忘れ去られていた。社会を変えるマルクス主義がどうして人間の実践的主体性を無視してよいだろうか、というわけである。事実、第二インターナショルのカール＝カウツキーから第三インターナショナルのスターリンにいたるまで、資本主義が「客観的必然性」によって「自動崩壊」するという考え方があり、人間の実践的介入がなくても世界は変わるといった見方があった。だから、「主体性」を強調する人々の立場が登場するには十分な根拠があったわけである。

『経・哲草稿』が大歓迎された第二の理由は、この著作がマルクスの作品群のなかで、伝統的な意味での「哲学」らしい哲学的書物、しかも人の魂をうばうほどに情熱的な書物であったということである。多くのマルクス主義者は、ヘーゲル哲学のような哲学らしい哲学をさがし求めていたのであろう。実際に、『経・哲草稿』は、そうした願望を充たすに十分であった。

**「客観主義」批判と「人間主義」批判**

こうして、『初期マルクス』＝『経・哲草稿』をめぐって二つの立場がぶつかりあっていることがわかる。一方は、「科学」（＝経済学）を強調し、初期マルクスのなかにいくらかの「唯物論的要素」をみとめつつも事実上初期マルクスの思想を捨て去る。他方は、「哲学」（人間の哲学）を強調し、「科学」と「哲学」の調和を求める。この対抗をながめてみると、前章（Ⅱ）でみた二つの思想傾向が初期マルクス研究のなかで対立していることがわかるだろう。すなわち、スターリニズムに代表される「客観主義」＝「科学主義」（経済学中心主義）と「ヒューマニズム」（人間中心主義）である。いずれも、アルチュセールがのりこえようとする思想傾向である。このような論争的状況のなかで、アルチュセールはどのように自説を展開していくのだろうか。

まずは、右にみた二つの思想傾向がそれぞれに『経・哲草稿』のマルクスを読む仕方を批判しておかねばならない。

後期マルクスの「経済学」にばかり重点をおく「科学主義」＝「客観主義」の傾向は、『経・哲草稿』の中味を、唯物論的部分と観念論的部分にふり分ける。けれども、そんなことが本当にできるだろうか、あるいはそうしてよいのだろうか。アルチュセールは、否と答える。ひとつの作品＝著作は、ひとつのまとまりのある全体であって、外から勝手な「目的」や「見方」をもちこんでバラバラにされてよいものではない。『経・哲草稿』というひとつの全体は、全体として意味をもっており、それの部分や要素もこの全体の意味ないし構造からはじめて理解される必要がある。もしも各部分が全体の脈絡から切断され、それだけでながめられると、その部分はすでに別個の意味をもたされてしまう。経済学中心のマルクス像を最終目標と定めておいて、そこに到達するだろう一段階として初期マルクスをみるひとだけが、右のような恣意《しい》的な分離をするわけである。それは、初期マルクスの正しい研究にはならない。反対に、まとまりのある全体をそれとして理解しうる方

フォイエルバッハ

法が要求されるのである。この点はまたあとで詳しくみることにしよう。
　つぎに、人間中心主義的な立場は、「初期マルクス」主義ともいえるほどに『経・哲草稿』の思想をもち上げる。あたかも、若いマルクスが若いままで完成した哲学をつくってしまったかのようである。なぜこのような読み方がされるかというと、『経・哲草稿』の文章やコトバや論理が基本的にはマルクスひとりの独創だと考えるからである。マルクスはヘーゲルやフォイエルバッハから重要なものをうけついではいるが、両者を批判的にのりこえて新しい独自の思想をつくり上げた、といわれる。そう思えるほどに鋭い論理と深い洞察が『経・哲草稿』に含まれていることは、事実である。しかし、ある歴史的状況を生きている歴史的個人がひとつの著作をつくるとき、しばしば知らぬまに、先達の思想の借り物で満足したり、先人の思想を上手に延長したり深めたりすることがある。『経・哲草稿』は、そうした性格をもっているのではないか、というのがアルチュセールの見解である。
　ヒューマニズムの思想家たちは、マルクスが知らずしてフォイエルバッハの土俵上にあることを無視し、すべてのコトバをマルクスのものとする錯覚におちいっている。本当は、この時期のマルクスは、自分とフォイエルバッハとが見分けがつかないほど、フォイエルバッハの弟子であった。ちがいがあるとすれば、マルクスが、フォイエルバッハが関知しなかった社会と政治と経済の世界にまでフォイエルバッハ以上にフォイエルバッハ哲学を深めたことである。そうすると、この時期のマルクスは、まだ独自の思想の境地に達していない青年ヘーゲル主義者とよばれる一群の人々のうちのひとりだということになる。ヘーゲルをひっくりかえした功績は、マルクスにではなく、フォイエルバッハに帰せられる。ヒューマニストの「初期マルクス」主義者たちは、ひとつの思想（ここではフォイエルバッハの思想）がその創作者の名が消えてもどんどん広まるという事実を忘れ、マルクスとフォイエルバッハとのとりちがえをやっていることになる。ここにも、別種の方法で作品が読まれねばならない必要が生れている。

右のことを念頭において、アルチュセールの初期マルクス研究をみることにしよう。

**初期マルクス研究の方法**　初期マルクス研究とは、初期のマルクスの著作（ここでは『経・哲草稿』）を「読む」ことであるから、この「読むこと」の方法、そして方法を運用するときの基本概念がはっきりと設定されなくてはならない。歴史的文献を読むときには、それだけ一層読みとりの方法をはっきりと立てることが要求される。たんに字面をよむことではないのだから、めんどうだが、方法と概念を通過してみよう。

二つの概念が重要である。ひとつは、「問題設定」(プロブレマティック)、もうひとつは「イデオロギー」、である。ひとつひとつ説明しておこう。

**「問題設定」と「イデオロギー」**

「問題設定」という概念は、文字通りには「問いあるいは問題を立てること」である。そこから転じて、問いを立て、その問いに応答する、問い—答えの統一ある全体、を意味する。問題設定は、どのように問いを出し、どのように答えるか、をみちびく特定の思考様式といってよい。アルチュセールは、この概念についてこういっている——「それは直接に一つの全体としてあたえられ、明確に、あるいは暗黙のうちに一つの全体として、≪全体化≫の一つの意図として≪生きられる≫ものである」、「その思想のあらゆる要素を統一する典型的な体系的構造」……(アルチュセール「若きマルクスについて」、邦訳『甦えるマルクス』Ⅰに所収)。

右のように理解した上で、こんどは「問題設定」の働き方についてのべておこう。「問題設定」は、別のコトバでいうと「理論的前提」といってもよい。この「前提」は、ある思想家の思想や思考スタイルをみちびくもの、つまり「自己の諸問題の意味と方向、したがってそれらの解決の意味と方向をそのなかで決定する」ものである。だがとくに注意すべきことは、「問題設定」とか「理論的前提」は、ふつうは、思想家自身にも自覚されておらず、かくされたままで現実に作用しつづける、という事実である。この点が最大の特徴点である。だから、あるひとが自分を「唯物論者」であるとか「観念論者」であるとか自己主張するとしても、この自己宣伝ないし規定は大した意味をもたない。唯物論者が実は観念論者であったり、マルクス主義者がブルジョア思想のもち主であったりすることがしばしばあるからである。一般に、あるひとつの思想を見定めるとき、そのひとが自分についてどう言っているかは大した意味をもたず、そのひとがどんなかくされた「問題設定」・「理論的前提」で考え行動するかが一番大事なことである。初期マルクスについても同じことが言える。こうして、私たちはひとつの「読書の方法」を手に入れたことになる。

問題設定の概念について、さらにもうひとことのべておきたい。前にのべたように、問題設定はしばしば自覚されずにかくれた作用をもつのだから、あるひとから他のひとへと知らぬまに伝達されていくことができる。当人は自分のものだと思っていても、案外他人からの借用であったりする。問題設定のシステムは、ひとたび確立するや、ひとからひとへと伝達されていくうちに、それのもつあらゆる可能性がひき出され発達していく。ひとつの「時代の思想」がなり立つゆえんでもある。初期マルクスについて言うと、フォイエルバッハの問題設定をそれと知らずに受けついだり、あるいは時には自覚的に採用しつつ、マルクスなりにこの前提のもつ可能性を最大限に汲《く》み尽していこうとしている。他の例をあげれば、ルネ＝デカルトの合理主義的問題設定は、デカルトをこえて幾世代にもわたってひきつがれ、その可能性が開発されていく。要約すれば、問題設定は、たいていは自覚されずかくれて作用すること、それを創ったひとの名が消えても長く支配しつづけること、という特徴をもっている。

つぎに、「イデオロギー」の概念についてのべよう。イデオロギー一般についてはまた後ほどふれる機会があろう。ここでは、初期マルクスを理解する上で役立つ一般的指標が与えられるだけでよい。アルチュセールは、三つの点を指摘している。

(i)「それぞれのイデオロギーは、固有の問題設定によって内的に統一され、またその意味を変化させることなしには、一つの要素も抽出できないような現実的全体と考えられる。」

(ii) 特定のイデオロギーあるいは一個人の思想がもつ「意味」は、何らかの「真理」にかかわらせて理解されるのではなく、イデオロギーに反映する社会問題や社会構造に照らして理解されうる。

(iii) 特定のイデオロギーの「発展の原動力」は、イデオロギー自身の内部にはない。そのイデオロギーを担なう個人が具体的に生きている社会的現実または歴史のなかに、「原動力」が見出される(アルチュセール、前掲論文)。

**初期マルクス像の組み直し**　右にみた二つの概念をつかって、初期マルクスを考えてみよう。『経・哲草稿』を書いた頃のマルクスは、ある明白な構造をもった「理論的問題設定」によってくまなく内的に統一された特定の「イデオロギー」のなかで思索していた。この「問題設定」は、世界観の面ではフォイエルバッハのもの、方法上の面ではヘーゲルのもの、をふくむ。若いマルクスは、ヘーゲルとフォイエルバッハをたくみに結合して、社会と歴史について思索していた。

ところで、前にみた方法的概念に沿ってこの「マルクス」をみるとどうなるか。『経・哲草稿』の文章は、たしかにマルクスそのひとの文章であるが、「問題設定」からみるとその文章に表現された思想は、マルクスのものでありながらマルクスのものではない、というパラドックスが出てくる。マルクスは、まだ自分自身の思想を見つけ出しておらず、ヘーゲルとフォイエルバッハの「弟子」にとどまっている、といえるだろう。他方、マルクスが自分自身の思想を見出し、「マルクス」がマルクスになるためには、「初期マルクス」が立っていた「問題設定」と「イデオロギー」の地盤を破壊し解体しなくてはならない。なぜなら、「イデオロギー」や「問題設定」の定義(前出)にみられるように、部分的手なおしではどうにもならないからである。マルクスが「マルクス主義者」になるには、「初期マルクス」の土台と「断絶」しなくてはならない。

私たちは、前に、アルチュセールがフランスの科学哲学者バシュラールから「認識論的障害物」と「認識論的切断」の概念をうけつぎ、そこからアルチュセール独自の「認識論的断絶」の概念をつくり上げたことをみた。バシュラールは「切断」概念に大して注意を払わなかったが、アルチュセールはこの概念に力点をおいて、《二度とあと戻りできない切断点》という意味での「認識論的断絶」論をつくり上げた(この点は、アルチュセールの独自な科学哲学上の貢献である。その後、フランスでこの概念が大流行する)。

マルクスが本当に自分の思想を見出すためには、過去の「地盤」と手を切る必要があった。この思想上の事件を、アルチュセールは、「障害物」―「断絶」という認識論上の概念でとらえてもいるわけである。「認識論的障害物」とは、初期マルクスの場合には、ヘーゲルやフォイエルバッハの「問題設定」とそれにもとずく「イデオロギー」にあたる。この「障害物」をのりこえて、新しい地盤を見出すこと、そしてその地盤にのっかった以上はもう過去の地盤へは後もどりできないこと、この現象を「認識論的断絶」という。これはひとつの思想的「革命」である。この「革命」と「断絶」を証拠だてるマルクスの著作は、『ドイツ・イデオロギー』(一八四五～四六年、エンゲルスとの共著)である。

一八四四年の『経・哲草稿』と一八四五～四六年の『ドイツ・イデオロギー』(これも草稿)との間には、たかだか一年余りの差しかないが、思想上の大転換は時間の長さには関係ない。魂は一瞬にして転回することもありうるのである。けれども、通常、ひとは、二つの著作の年代上の近さに「だまされ」て、「二人」のマルクスがひとりのマルクス(伝記上のマルクス)にすりかえられる。かくて、「革命」は無視される。

**初期マルクス像の欠陥**　さて、このようにみてくると、旧来の初期マルクス観はどう批判されるのだろうか。「科学主義」（実は経済学主義）の立場は、若きマルクスが老マルクスの「芽」であるとみて、断絶なき連続の思想形成があったとする。これは、「問題設定」と「イデオロギー」の特質を忘れた見方であり、「哲学者マルクス」が「経済学者マルクス」になるというごく単純な理解に立つ。他方、ヒューマニズムの立場は、初期マルクスの「哲学」が「経済学者マルクス」の中にもうけつがれていることを主張し、初期マルクスも老マルクスと同様に「本当の」マルクスであったという。これも、前者の立場と同じく思想の連続性をみて、「問題設定」と「イデオロギー」の統一性（破壊なくしてはのりこえられない）を無視する見方である。いずれの立場も、論理的には同じ土俵の上で対立しあっているだけで、いずれにおいても、マルクスにおける思想上の「革命」・「断絶」はにぎりつぶされてしまう。

さて、このような研究と批判をおこないながら、アルチュセールは何を掘り出そうとしたのだろうか。最後にこの点にふれて、この項をおわりたい。

**先例のない「革命的発見」**　アルチュセールは、『経・哲草稿』のマルクスと『ドイツ・イデオロギー』のマルクスとが原理的に異なること、「認識論的断絶」あるいは「理論的革命」が生じたこと、を力説する。この主張は、ひとつには、思想的文献の読み方というアカデミックな方法論にかかわってもいるが、さらにすすんで伝統的マルクス主義が「神かくし」をやったマルクスを救い出そうという実践的関心にもかかわる。

マルクスの「理論的革命」は、西洋思想史上「先例のない」事件であるとするなら、これを無視する旧来のマルクス主義はマルクスを思想的に「殺害」しているようなものだ。何か新しいものを「発見」したからこそ、マルクスは今もなお有意義なのであって、先人の仕事の単なる継承者にすぎないのなら、マルクスなど現代人にとって何ほどの意味があろう。反対に、もしもマルクスが先例のない「革命的発見」をしたとすれば、話はちがってくる。では、それは何だろうか。ここでは簡単に指摘するにとどめるが、それは、マルクスによる画期的な「歴史の大陸の発見」、つまり歴史と社会の新たな科学的認識を創始したこと、ついでこの科学の創設とともに生じた「新しい哲学」、である。歴史の研究は古くからあった。けれども歴史的世界を、イデオロギー的に考えるのではなく歴史についての科学的概念をつくり上げたのはマルクスそのひとである。アルチュセールによると、マルクスの「歴史」の発見は、ギリシア人による「数学の大陸」の発見、ガリレイによる「物理的自然の発見」に比べられるという。ギリシア数学の生誕の結果としてプラトン哲学が、ガリレイ物理学の生誕の結果としてデカルト哲学が生れたのと同じように、マルクスの「歴史科学」の生誕とともにマルクスの独自な「哲学」が生れた、こうアルチュセールは言う。マルクスは、ひとりで二つの「革命」（科学上と哲学上の）をおこなったということになる。マルクスが今もなお世間をさわがす理由は、実はこの「理論的革命」＝「断絶」にあるともいえよう。それだけに、初期マルクスの研究は、たんなる学者の研究対象であることをこえて、世界史の動きに関心をもつすべてのひとにとって避けることのできない題材を与えてくれるともいえよう。

## 弁証法研究

アルチュセールの弁証法理論はあとで見るように大変特異なものである。

**唯物弁証法の再検討** アルチュセールが伝統的な弁証法観に逆らってまで新見解を出そうとしたのは、なぜだろうか。

弁証法研究という一見抽象的で学理的な探究の背後には、苛酷な経験とマルクス主義がおちいっている袋小路の現状がひかえている。

「例えばもっともさし迫った問題を回避しないとすれば、あれほど高潔で誇り高いロシアの国民が、どうしてあれほど広範に、スターリン的抑圧という罪悪に耐えることができたのか、さらに共産主義の指導者がどうしてそれを命じることができたのか……」（アルチュセール「矛盾と重層的決定」、邦訳『甦えるマルクス(I)』所収）。

あらゆる資本主義の害悪をのりこえたはずの「社会主義」社会で、どうしてスターリン主義の政治的逸脱が生じたのか、これを現在のマルクス主義は説明できるのか。矛盾、否定、否定の否定、対立物の統一、止揚、質から量への転化、等々の説明概念をもっているマルクス主義の「弁証法」

からすれば、ロシアの「社会主義」は「資本主義」の「止揚」であるはずであるから、およそスターリン主義的「害悪」など生じないはずである。現実がまちがっているのか、それとも論理がまちがっているのか。

経済的土台が変化しただけでは上部構造やイデオロギーは変わらない。古い上部構造は生きながらえるだけでなく力強く復活し大きい作用を及ぼすこともある。このような事態はふつう「後進国の革命」でとくに目立つ。「遺制」とよばれる現実がそうである。スターリン主義が「遺制」と結びついた歴史現象なら、マルクス主義はこの「遺制」や「スターリン主義」を十分科学的に説明し批判できているのか。実際には、マルクス主義はこれらの問題にたいしてうつ手をもたず、なりゆきまかせである。

ヘーゲル

否定、否定の否定、止揚といったコトバは実はヘーゲルの用語であるが、マルクス主義の仮面をかぶせられたヘーゲル主義は、たとえばさきのごとき「スターリン主義」にぶつかって挫折する。そうだとすれば、もういちどヘーゲルを吟味し、マルクスの唯物弁証法が何であるかを探求しなおすことがどうしても必要になるだろう。

これまでのマルクス主義に欠けていたもの、それは「厳密さ。

マルクス主義の諸概念、その適用、その展開などの厳密な把握。ほんらいマルクス主義の概念に属するもの、すなわちマルクス主義の概念とその亡霊とを永遠に区別するものの探求とその厳密な把握」（アルチュセール）である。

最大の「亡霊」のひとつがマルクス主義のなかの「ヘーゲルの亡霊」であるなら、今やヘーゲル弁証法とマルクス弁証法との差異をこそ解明しなくてはならない。そしてさらにすすんで、マルクス独自の「唯物弁証法」の姿を復活させねばならない。

アルチュセールの弁証法を、いくつかの項目に分けて順次みていくことにしよう。

## 1 ヘーゲルの転倒について

**マルクスを「批判的に読む」** アルチュセール以前のマルクス主義弁証法の理解は、ヘーゲル弁証法を一八〇度ひっくりかえせばマルクスの弁証法になる、といったものである。つまり、ヘーゲルとは「頭で歩く」マルクスであり、マルクスは「足で歩く」ヘーゲルである、という次第である。方向（頭か足か）を無視すれば、ヘーゲルとマルクスはひとしいことになる。このような理解が出てくる典拠は、実はマルクスにあった。マルクスはつぎのように言う――

「私の弁証法的方法は、根本的にヘーゲルのそれと相違するばかりでなく、それと正反対のものである。ヘーゲルにとっては、かれが理念という名称を付して一つの自立的主体に転化さえした思惟過程が、それの外的現象たるにすぎぬ現実的なものの創造者である。私にあっては反対に、観念的なものは、人間の頭の中で転変され翻訳された物質的なものにほかならない。……弁証法がヘーゲルの手で被っている神秘化は、かれが弁証法の一般的な運動諸形態を初めて包括的かつ意識的な仕方で叙述したということを、決して妨げない。弁証法は、かれにあっては逆立ちしている。ひとは、合理的核心を神秘的外皮のうちに発見するためには、それ〔ヘーゲル弁証法〕を転倒しなければならない。」（マルクス『資本論』第一巻、第二版への後書き）。

ここで問題になるのは、とくに後半の文章（「合理的核心」、「神秘的外皮」、「転倒」）である。マルクスはヘーゲルとのちがいを比喩的に語っているが、この比喩を厳密な概念と取りちがえて文字通りに読むとき、さきに述べた「ヘーゲル＝マルクス」論が出てくる。事実、すべてのマルクス主義はそうしてきた。ところが反対に、この文章を批判的に読むなら、マルクスの比喩的表現はマルクスとヘーゲルとの根本的差異を知る絶好の手がかりにもなりうる。

アルチュセールはマルクスの比喩的表現を批判的にうけとめ、概念的把握へと高めようとする。それでは、「批判的に読む」とはどういうことだろうか。

まず無批判的読み方の典型例をひきあいに出しておこう。ふつうひとは、「合理的な核心」が「弁証法」（方法）で、「神秘的な外皮」がヘーゲルの「思弁哲学」（体系や内容）と考える。それではどうして、「外皮」をむいて「核」（種）をとり出すことが、「核」を「転倒させる」ことになるのか。抽出は抽出であり、転倒は転倒であって、同じことではない。それでふつうひとは、「転倒」とは「方向」を逆転させることだという。つまり、観念論的＝思弁的方向から唯物論的方向へ逆転させるというのだ。そうなれば、「核心」はいささかの変化もこうむらないことになる。すなわち、ヘーゲルの核心＝弁証法は、方向さえかえればすんなりとマルクスの弁証法へと移行する、というわけである。

前に「初期マルクス研究」の項で「問題設定」についてみたことを想いおこそう。「問題設定」とそれによって統御された「イデオロギー」は、内的統一をもっていて、部分と全体は不可分であり、部分を勝手にとりだすことは不可能であった。右にみた通説は、あたかもひとつの全体（ヘーゲル哲学）を部分部分（核心と外皮、方法と体系）に分割して自由にとりだしても問題はないかのようである。しかし、それはまちがった読み方である。

反対に、「神秘的外皮」と「核心」とは分離できない。もしヘーゲルに「神秘化的」（ごまかし的）傾向があるなら、その影響は「外皮」と「核心」とに共に浸みこむ。神秘性は弁証法＝核心そのものに入りこんでしまっている。そうだとすれば、「抽出」とか「皮をむく」とかは何の意味ももたない。神秘化＝欺瞞《ぎまん》が「核心」＝原理とひとつであるならば、この欺瞞をあばき「転倒する」という操作は、原理そのものを変換させる以外にない。

こうして、ヘーゲル弁証法の「転倒」とは、文字通りの一八〇度転回ではなくて、弁証法の性質を変革し、弁証法の構造を変形することなのである。ヘーゲル弁証法とマルクス弁証法とは、それぞれに固有の構造をもっており、互いに構造の面で異質なのである。両者の構造が根本的にちがうのなら、たとえマルクスがヘーゲルと同じく否定・矛盾・止揚といったコトバをつかっても、これらの用語の働きと意味も根本的にちがってくるはずである。

アルチュセールは、ヘーゲル弁証法と根源的に違うマルクス弁証法の構造を解明し発展させることが、マルクス主義の死活にかかわるといった。なぜかといえば、この研究はたんなる学理的研究にとどまらず、さきにみたような現実の実践問題（例、スターリン主義）の解決にも大いに関連しているからだ。

## 2　矛盾と重層的決定

**ヘーゲルの矛盾論**

アルチュセールは、マルクス弁証法の独自性ないし固有の構造をきわ立たせるために、とくに「矛盾」概念に着目し、「諸矛盾の重層的決定」という用語を提案する。「重層的決定」（シュールデテルミナシオン）とは、どういう概念なのだろうか。

ヘーゲルも「矛盾」を語り、マルクスもそれを語る。では、両者の「矛盾」観のちがいはどこにあるか。

ヘーゲル弁証法はふつうきわめて図式的に正―反―合の三位一体図式として説明されている。対話形式で言えば、あるひとがある提案＝主張をする（正）、それに対して反対提案＝反対の主張がなされる（反）、最後に両者の言い分をとり入れた綜合提案（合）がなされる。互いにはげしく討論しあって合意に達する過程をおもえばよい。ヘーゲルは社会と歴史をきわめて動学的に把握できたひとだから、この単純な図式のうちにもすでにダイナミックな運動の構造が要約して示されている。この点は、正―反―合という論理形式ではなく、人間の歴史的経験を描写する説明図式をみるともっとはっきりしてくる。

ヘーゲルは「理念」（イデー）が歴史的に自己を実現する過程として社会史をえがく。「理念」という「内的＝精神的原理」が「外化し―疎外する」、「疎外を止揚する」という運動形式が、ごく簡単にいってヘーゲルの歴史把握になる。外化―疎外は矛盾をつくりだし、この矛盾はそのつど歴史的に回復される。正―反―合の弁証法はここでも生きている。

ヘーゲルの『精神現象学』でも『歴史哲学』でも、諸矛盾の累積過程と回復過程は大変複雑である。決して単純にはみえてこない。矛盾の現れのレベルでは、きわめて複合的で累積的であるが、ひとつの社会や民族、あるいはこれらをふくみこむ歴史過程全体を支配する原理は、きわめて「単純」である。思考の動き、ものごとの現れ、人間の社会的動き、ひとつの民族の存立、そのどこをとってもつねに正―反―合、あるいは「理念」＝「精神」の外化―疎外―止揚という矛盾の論理構造があばき出される。ヘーゲルの叙述はきわめて複雑にして精緻《せいち》であるが、その複合的累積を貫く矛盾構造は透明にして単純である。

ヘーゲルにおいて、「決定づけるもの」は矛盾というよりも矛盾をふくむ「本質」としての「理念」=「精神」である。本質が現象をつねに決定するから、本質からみれば諸現象（人間の行動、歴史的事件など）は均等な重みをもつにすぎない。

さらに、ヘーゲルにおいては「過去」は十分に問題にされているが、理念の運動のなかで過去は「止揚」され「内面化され」て、現在の構成部分になりはしても「想い出」（回想）としてそうなるだけだ。生きた現実のなかで「過去」（例えば、先にのべた「遺制」）は十分大きな、暴力的で血なまぐさいほどの力をもっているが、ヘーゲル的「回想」に吸収されてしまえばそれも消失してしまう。

## マルクスの矛盾論

つまるところ、ヘーゲルにおいては、正―反―合という中心となるべき三角形あるいは円がいたるところに現れるわけで、複雑にみえて論理的には単純な矛盾論だ、とアルチュセールはいう。これに対して、マルクスの「矛盾」はつねに複合的全体のなかで「重層的に決定」される。この点を例示するために、アルチュセールは「ロシア革命」を挙げて説明する。生産力が十分発達したところではじめて社会革命がおこるとマルクスは言ったが、どうしてロシアのような生産力の低い国で最初の社会主義革命がおきたのか。

旧来のマルクス主義の論理ではロシア革命は理解できない。なぜなら、このマルクス主義は、ヘーゲルの「理念」に正確に対応する「経済」（技術、生産力）中心史観であるからだ。歴史の原動力を「経済」（生産力）に求め、あらゆる現象を「経済」に還元する歴史観では、ロシア革命の歴史的出現の理由は説明できないだけでなく、「革命」というきわめて複雑な要素のかたまりを分析することもできない。「経済主義」というマルクス主義史観は、「理念中心主義」のヘーゲル的史観と選ぶところがない、いやむしろヘーゲルがもっていたリアリティすら失った俗流ヘーゲル主義である。

「資本論に反する革命」（グラムシ）であるロシア革命の状況は、国内的にも国際的にもきわめて複合的な要素間の諸矛盾が累積してくる。「あらゆる歴史的諸矛盾の集積と激化」、「《諸矛盾》、そのいくつかは根本的に異質であり、またすべてが同じ起源、同じ方向、適用の同じ次元と同じ場所をもつとはかぎらず、しかしながら《融合されて》一個の統一された破壊力となる。」（「矛盾と重層的決定」前掲書）。

このような事態を指して、「矛盾が重層的に決定される」という。資本と賃労働といった一般的矛盾論ではどうにも説明できない事態である。下部構造、上部構造、もろもろのイデオロギー、歴史的遺制、その他のそれぞれにおける諸矛盾がひとつの点（「現時点」とアルチュセールはいう）に集中し爆発するプロセス。この現実は――革命にかぎったことではないが――「重層的に決定される矛盾」という概念でこそ説明すべきものだ、だから新しいマルクスの矛盾論を、唯物弁証法の考えなおしを、要求しようというのがアルチュセールの結論である。

アルチュセールが指摘した「複合状況」＝「現時点」（事件、革命、その他）に直面するとき、第二インター以来の経済主義＝技術主義史観（「客観主義」）も、人間の意志的活動を中心にすえた史観（ヒューマニズム）も「矛盾の重層決定性」を見失うゆえに破産する。

この意味でアルチュセールは、弁証法研究の新生面を開拓したということができよう。

## 3 理論的実践

**理論的実践の理論**　アルチュセールの弁証法研究のなかで、前項でみた唯物論的矛盾論（矛盾の重層性）の構成とともに、ここで考察する「理論的実践」論も大変重要である。二つの問題は無関係でなく、深く結び合う。矛盾の重層性は、矛盾がつくり上げる諸構造の重層性へと展開し、後者の思想が「理論的実践」論を貫く。この点を予め念頭において、話を進めよう。

「理論的実践」の理論をつくる仕事は、科学哲学＝認識論上の仕事に入る。この仕事をするにあたって、アルチュセールは先輩哲学者バシュラールやカンギレームの思想を十分生かしていく（前にみたアルチュセールの「思想形成」をふりかえっていただきたい）。アルチュセールの問題関心は、アカデミックな科学哲学の仕事で学界に貢献しようというだけではない。無視されつづけてきたマルクスの科学精神、マルクスの科学的仕事の意義を再構成することが、現代にマルクスを生きかえらせる死活問題である、というさし迫った課題意識がかれにはあったわけである。そこで、アルチュセールは、科学的思考に「理論的実践（労働）」というはっきりした名前をつけて、この行動の理論をつくり上げて後の『資本論』研究に生かしていく。

さて、理論的実践の構造を明らかにしていくには、このコトバに含まれている「実践」とは何であるかについて、はっきりした考えをもっていなくてはならない。実践、行為、行動、その他の類似のコトバがあるが、はっきりした定義づけをしなくては理論的概念にならない。まずは、実践一般の定義をみてみよう。

**実践とは**　実践とは、誰かが何かに特定の行動を向けることである。それは、観念や概念をつくることにも、生活必需品をつくることに当てはまる。物をつくる生産過程を手がかりにしていえば、第一に、原料、第二に道具や手段、第三に労働するひと、が基本的な要素である。そこで、実践とは、特定の原料を特定の生産物にかえるために、特定の労働手段をつかって行う労働である。どの要素も生産に参加するが、一番重要な要素、つまりこの実践＝生産過程を決定づける要素は「労働」である。原料・道具・生産物と並ぶのではなく、原料や道具を組み合せ、目的や用途に応じて特有な結果を生みださせるのは、労働するひととその労働以外にない。三つの要素の組み合わせに労働という重心があること、要素の組み合わさった実践の過程は、重心をもった結合ないし構造であること、さしあたりこの点を確認しておこう。

右の実践の定義は、きわめて一般的で形式的である。だから、どのような社会行動にもこの基本構造が見出せる。例えば、政治的実践がある。政治は、「原料」に当る現在の政治状況を、何らかの政治的手段（政党、組合、その他）をもって、別種の政治状況につくりかえることである。イデオロギー的実践も同じく、「原料」に当る特定の観念や思想を特定の理論的用具（理論や論理など）をもって、別種の観念や思想をつくりだすことである。科学的思考も形式的には右のことと同じ構造をもつ。

**科学的思考の仕組み**

アルチュセールが「理論的実践」とよぶものは、とくに科学的思考、科学的実践にあたる。科学的な諸概念とそのシステムとしての理論をつくるとは、具体的にはどういう仕組みになっているのか。

「理論的実践は、他の実践（《経験的》・《技術的》・《イデオロギー的》なもろもろの実践）によって与えられる原料（表象、概念、事実）に働きかける。……ある科学の理論的実践は、つねにその前史のイデオロギー的実践からはっきりと区別される。この区別は、理論的にも歴史的にも《質的な≫不連続性の形態をとる。われわれはこれを、バシュラールとともに≪認識論的断絶≫の用語で指示することができる。」（アルチュセール「唯物弁証法について」、邦訳『甦えるマルクス』Ⅱに所収）。

この文章についてさっそくいくつかの重要な事柄を指摘しておかなくてはならない。

第一に、科学的研究とか科学的思考という行動は、決して孤立した純粋な空間で純粋精神が考えることではない、ということ。ところが伝統的な科学観は、純粋科学を標傍《ひょうぼう》し純粋培養器の中の科学的実践を夢想してきたのである。この考え方は批判されねばならない。

第二に、だから科学的実践は他のいろいろの実践（技術的なものや宗教的なものもふくむ）と絡み合いつつ、しかもその中で独自の世界を少しずつ築いていく。もろもろの実践との矛盾の重層的決定を科学的実践もこうむる。

第三に、右のように科学は科学的でないものの世界を歩き通すのだから、さまざまのイデオロギーに「汚染される」。何らかの仕方で、イデオロギー的汚染から解放されることが、科学の前進にとって、知識の形成にとって、不可欠である。前科学的イデオロギー（複数ある）からの「断絶」は、科学的実践の過程にとって不可欠の構造契機である。前にみたバシュラールやカンギレームの遺産がここで生きる。

理論的実践の理論をつくるとき、右の三点が生きてくることがおいおいわかってくるだろう。

第一の要素　さて、理論的実践ないし理論的生産過程のいくつかの要素——原料、生産手段、生産者、生産物——を、アルチュセールは、大きく三つの要素にまとめ上げる。第一に、原料、第二に生産手段と生産者のグループ、第三に生産物。第一のものは、「第一の一般性」、第二のものは「第二の一般性」、第三のものは「第三の一般性」とよばれる（一般性はジェネラリティであるから、頭文字をとって、GⅠ、GⅡ、GⅢと略称される。以下でもこの略称をつかう）。

「第一の一般性」（GⅠ）とは何か。それは原料、つまり理論的思考にとって理論的原料であるが、具体的には何を意味するのだろうか。前の引用文にみられるように、それは、科学的実践に思考材料を与えてくれる前—科学的・非—科学的実践の成果である。マルクスは、「直観と表象を概念へと加工する」といっているが、この「直観と表象」が理論的原料なのである。

「直観と表象」の理論的性格に注目しなくてはならない。それらは、科学以前のイデオロギー的思考と活動（経験）の産物であるから、さまざまの幻想や誤謬などにまとわりつかれている。幻想や誤謬といったイデオロギー性を削りおとすことなしには、原料は科学的知識の構成部分へと生れ変わらない。加工（変形）という労働は、原料にたいするこういった否定的・解体的な操作でもある。

けれども、どうしてこんな削除というめんどうなことをするのだろう。もっと純粋な原料をみつけて、さび落しみたいな廻り道をさけることができないものか。実は、そうはできないのである。

たしかに伝統的な「認識の理論」は純粋空間の中の純粋思考を想定してそんな夢想にふけったこともあるが、精神が物質にとりつかれているというマルクスの「発見」以来、この夢想もくずれはじめた。科学は前科学的世界の真ただ中で生れ、そこをうろつく以外に最初の一歩をふみ出すことができない。科学はイデオロギーにとりまかれ、しかもこの包囲を少しずつおしのけて自分の道を切り拓く。これがいわば唯一の現実の相なのである、だから、加工とか変形という労働の意味も重味をもってくるのだ。

### 第二、第三の要素

つぎに、「第二の一般性」(GⅡ)とは、何であるか。GⅡは、前にみた一般図式に即すれば、「労働手段」に当る。たしかに、GⅡはGⅠとGⅢの「中間」にあるから、「道具性」・「手段性」(道具や手段は元来中間にあるものという意味である)をもつ。ところで、理論的労働過程では、GⅡはふつうの手段・道具のイメージから少しずれる。GⅡは「労働手段」だけでなく「労働者」(理論的生産者、例えば科学者)をふくみ、さらに「労働者」が運用する「ものの見方」をさえ含んでいる。

アルチュセールはGⅡについてこう定義している——GⅡは「一群の概念によって構成されているが、その概念の多少とも矛盾する統一体が一定の歴史的時期における科学の≪理論≫を構成する。つまり、科学のあらゆる問題が必然的に提起される領域を限定する」(アルチュセール「唯物弁証法について」、『甦えるマルクス』Ⅱ所収)。これがGⅡだとすると、GⅡは、前にみた「理論的問題設定」のことだとわかる。

GⅡという「問題設定」のなかに、理論的労働者がふくまれる、あるいはその担い手ないし構成要素になる。こうなると、独立の純粋の思考者である「私」という考え方は否定される。むしろ、理論的思考者の「頭」や「眼」は、かれの頭や眼でありながら、同時にそれ以上に「問題設定」という構造の頭や眼になる。科学者が問いを立て答えをつくる操作全体が、このGⅡという「問題設定」によって構造的に決定される。ひとは、問題設定の枠内に入りうるものだけを「見る」(認識する)ことができる。枠外の現象は、視界に入っても見えない(認識できない)。

私たちは、しばしば、昔のひとがどうしてこんな簡単なことを見たり理解したりできなかったのだろう、といぶかるような経験をしたことがあるはずだ。昔のひとの能力が足りなかったせいではない。かれらが立っていた問題設定の働きが、あることは見させてくれるが他のことはみえないようにしてしまうのだ。自分のことは自分だけがもっともよく知っているというのは、近代人の幻想である。

GⅡは、歴史的に形成されたもので永久不変でなく、意識的な層と無意識的な層との複合体である。私たちが、他の科学者や自分の思索過程を反省するとき、思索の奥底に沈澱した歴史的遺産や無自覚的になっている層(考え方)を徹底的にあばくことが必要なのである。反省は、こうした自己への批判を意味し、自分の中にまどろむ独断論を排すということである。私たちは社会的人間であるだけに、とりわけ反省と自己批判的省察が不可欠なのである。

最後に、「第三の一般性」とは何であるか。これは、大変はっきりしていて、過程の産物、生産物としての理論的概念、あるいは諸概念の体系としての新しい理論、である。いうまでもなく、理論的実践は、この成果を、概念をつくり生みだすことを目的とした活動である。

### たえざる切断過程

さて、もういちど理論的実践過程を整理してみよう。理論的実践過程は、GⅠに対してGⅡが働きかけることによってGⅢを生産する過程である。GⅠには前科学的イデオロギーの殻（「認識論的障害物」）がからみついている。GⅡの活動は、この殻＝障害物をたたきこわしてGⅠをGⅢになるようにつくりかえる。GⅠからGⅢへの転換が「認識論的断絶」である。GⅠ、GⅡ、GⅢの間には、だから質的不連続性があって、過程全体はなるほど連続的に流れているかにみえるが、過程の構成要素は、切断に切断を重ねる。この切れ目、不連続に着目することが肝心である。

たえざる切断の過程の中で、GⅠがつくりかえられるだけでなく、GⅡもまたつくりかえられる。GⅡがつくりかえられるということは、その中にいる「労働者」も「労働手段」も道具としての「理論」もつくりかえられるはずである。このような反復の中で、GⅢも再びGⅠの位置につき、別の理論的実践過程に入りこむ。小さな循環がつみ重なって、あるときあともどりできない大きな飛躍が生じ、そこで概念と理論体系が成立するというのが実状である。

**ヘーゲルとマルクスのちがい**　ところで、右にみたGⅠ—GⅡ—GⅢ図式とヘーゲルの正（Ⅰ）—反（Ⅱ）—合（Ⅲ）図式とはどうちがうのだろう。ヘーゲルの場合、Ⅰ・Ⅱ・Ⅲはいずれも「精神」の内部での区別である。Ⅰ・Ⅱ・Ⅲは本質的に同一である。同質的なもの（すべては精神の一部であるから）の区別が、Ⅰ・Ⅱ・Ⅲで表現される。これは即自—対自—即自かつ対自ともいわれるが、本質が同じであるから、互いに還元可能である。否定の否定や止揚（アウフヘーベン）とは、ⅠとⅡのある側面を保存しつつ、他の側面をすてて綜合することだが、精神的同一性の地盤の上でこそやすやすと実現できる。観念弁証法といわれるゆえんである。

マルクスの場合、Ⅰ—Ⅱ—Ⅲは、それぞれが複合物であり、それぞれが物質的な構造である。複合体とか構造は、物質的なものであるだけに、かんたんに同一化できない。三者は、物質的性格においても構造上の性質においても、互いに異質である。だから、一方から他方への

マルクス

移行は、「つくりかえる」・「変換する」という物質的な実践＝労働がどうしてもさけられない。一見したところ「精神」や「観念」の世界にみえる理論活動のレベルですら、たんに「精神的」でなく、社会関係の中での物質的な活動にほかならない。いわゆる「精神活動」も社会的な物質的活動なのである。精神や文化もふくめて社会体というものは物質的な活動の集まりだから、社会を変えることは、単に否定の否定といったことではすまないのである。この点に、ヘーゲル弁証法とマルクス弁証法の根本的な差異がみられる。

## 4　社会的全体の理論

**マルクス以前の社会観**　社会の理論は、社会とは何ぞや、という問いに答えねばならない。また社会は静止しておらずリズムをもった時間的変動の中にあるのだから、社会の理論は社会体の歴史的運動をも説明しなくてはならない。社会理論と歴史理論がいつも手をたずさえてすすむゆえんである。

マルクスの社会理論と歴史理論は、社会とは何ぞや、に答えるものであるが、そのときマルクス以前の社会観とマルクスの社会観との相違を知っておいた方がよい。マルクスの社会理論は常識と反するという意味では、ずい分特異な理論なのである。

マルクス以前の社会観は、しばしば指摘されるように、大略、二つの型がある。ひとつは、原子論的個人主義に立つ社会観である。原子のごとき諸個人が寄り集まったものが社会であって、逆にいえば、社会の実体は個人に帰着する、という見方である。いわゆる啓蒙時代（一七・一八世紀）の社会観である。個人の行動を洗っていけば自ら社会の動きも把握できると考える自由主義経済学は、この社会観の典型である。この社会観は現在でも根づよく生きのこっている。

もうひとつの社会観は有機体論的社会観である。社会はひとつの有機的全体であって、個々人の動きを知るだけでは社会全体は知りえない。個人生活を超える社会生活の領域がある。個々人はむしろ社会体の構成要素としての意味しかもたない。この見方は、原子論的社会観とちょうど正反対になっている。この社会観は、とくにドイツで有力であり、有機体的生命、民族精神といった超越者が社会を動かすと主張された。ヘーゲルの社会観もこの考え方をうけついでいる。

二つの社会観はそれぞれに発生の社会史的理由を十分もっているが、どちらも社会体の一側面のみを強調し、個人を社会に吸収したり、社会を個人に帰着させたりする無理な努力をした。個人なるものを実体に仕立てたり、民族精神がどこかにかくれているような有機体を実体に仕立て上げたりすること、この点では二つの社会観は同じ論理操作をやっている。マルクスは、二種類の実体論を批判し、別種の社会理論を考えねばならなかった。

## 下部構造と上部構造

個人一般も社会一般も存在しない。人々が群居すればそれで社会ができるわけではないし、お化けのような民族精神が動かす国家生活が社会であるのでもない。若き日のマルクスは、「人間」なるものは現実には「社会関係の総体」だ、といった。社会諸関係が重層化していくプロセスが、そのまま社会の運動でもある。個人は社会的個人として意味をもち、社会体は関係や構造の重層的合法則性をもつ。とくに、個人が関係や構造に組みこまれている以上、関係や構造のロジックをあばくことが、社会理論の課題になる。

マルクスが『経済学批判』（一八五九年）の「序言」で使用した用語を借用しよう。社会体は、下部構造（土台）と上部構造（上部建築）とからなり、上部構造には政治・法・イデオロギーが属する。土台の動きが上部構造を支え・決定する、という点が社会認識の重点である。個人ばかりとか民族精神の流出ばかりという平板さは、マルクスの社会観には無縁である。下から上へと地層がつみ重なるように、社会の諸領域（経済、政治、法、イデオロギー）が堆積していく。それは、大地の形成に似るし、雄大な建築物にも似る（マルクスは大地と建物の比喩をつかっている）。

問題は、たんなる堆積でなく、諸層の重なりあいの「法則」または関連を知ることである。マルクスがやりえたことは、経済世界の内部構造（これも社会と同じく重層構造になっている）を解明したことである。マルクスの成果を一般化することは、後の人々に課題として残された。アルチュセールは、かれなりにそれをひきうける。

## 自律性と依存性

アルチュセールは、社会的全体をこう定義する——

「マルクス主義的全体は、ヘーゲル的全体性と区別される。この全体は、その統一性がライプニッツやヘーゲルの全体がもっている表出的または〈精神的〉統一性とは全然ちがって、一定の型の複合性、構造化された全体の統一性によってつくり上げられる。この全体は、さまざまの〈相対的に自律的な〉水準ないし審級とよばれるものを含んでおり、それらの水準または審級は、この構造的な複合的統一性のなかで共存しあい、特殊な決定の仕方で互いに結びあい、最終審級では〔究極的には〕経済の水準または審級によって〔それらの位置を〕固定される」(『資本論を読む』第二巻)。

アルチュセールの表現は例によって難解であるが、つまるところ、この文章は、マルクスの思想をかれなりに翻案したものである。二つの点に注意しよう。第一点——社会の諸領域(水準、審級といわれる)は互いに自律して運動すること。第二点——自律運動する諸領域は、にもかかわらず、複雑なからまりあいをたどっていくと「土台」(近代人が「経済」とよぶもの)によって「決定される」、あるいは「土台」に依存すること。

アルチュセールは、マルクスが社会理論で達成した最大のポイントをよくおさえている。矛盾が重層的に決定しあうように、諸領域(構造とよぼう)も重層的に決定しあうが、自律運動しながら相互に決定しあう事実がここでは重要である。諸領域の自律(立)性あるがゆえに、着実でゆるぎない科学的研究の道が開かれる。経済、政治、法、イデオロギーのそれぞれについて科学的分析が必要であって、旧マルクス主義のように経済ですべてを説明しつくしたつもりになってはいけない。

しかし、マルクスは諸領域の相互関係があるといおうとしたのではない。それだけのことなら、理論などいらない。自律的諸領域の関連は、社会体全体の中での関連であって、社会体を統御する根本論理から免れない。自律性は依存性（従属性）の表現でもある。何かに依存しつつ自律するという逆説的な論理を、マルクスは土台による決定作用に求めたのである。誤解の多い表現であるが、ふつう「最終審級（経済）における決定」とよばれているのがそれである。アルチュセールもこのタームをつかって、「従属的自律性」を表現しようとした。

マルクスの社会理論は、右のことからわかるように、諸領域を並存させるにとどまる多元論でもなければ、「精神」や「経済」がエーテルのように全世界を充たすという単純な一元論でもない。たしかに、マルクスの社会理論はあぶない橋を渡ろうとしているが、それは社会的現実のナゾがそうせしめているとみるべきである。

**社会の階層性**　マルクスの社会理論（社会的全体の理論）は、「階層化された有機的全体の構造」の理論（アルチュセール『資本論を読む』第二巻）といえる。この階層性の秩序の論理について、アルチュセールはひとつの仮説を提案している。「階層化された全体」の「階層性」

とは、社会の諸領域間に生ずる「効果（作用）の階層性」を意味する。ひとつの支配的構造があるとする。この構造は、あらゆる領域の構造に「効果」を及ぼす。この「効果」は、各領域においてさまざまに異なるはずで、「効果」のちがいは「効果の度合」のちがいに示される。様々の効果の度合が層のようにつみ重なって結合している事実を、「効果の階層性」とアルチュセールはよんだわけである。

矛盾の重層性、構造の重層性と同じく効果の重層性（または複合性）がある。このように複雑な効果・作用・支配の階層性を追求していくことが、社会科学的研究になる。しかし、アルチュセールのテーゼは、科学的研究にとって代わることはできない。それは、研究の方向と指針を与えるだけである。だが、このような方向や指針がなければ、科学的研究は道に迷うであろう。アルチュセールの仮説は、うすぐらい研究の道をてらす光を提供したものと評価できる。なぜというに、旧マルクス主義は、マルクスの社会理論のなかの根本問題を回避し、安易な一元論（経済主義）におちこんで、かえって社会科学的研究を貧しくしてしまったからである。

## 支配因と決定因

私は前に「最終審級における決定」という概念が誤解されやすいものだと述べておいた。いつでもどこでも（どの審級でも）「経済」が決定因になるというのと（経済一元論の場合）、最終審級で決定因に経済がなるというのとでは、なるほどニュアンスはちがうが、結局同じことになるのではないか、と思われがちである。この難点を免れる工夫が必要である。

その工夫のひとつが「支配因」と「決定因」の区別である。いつどこでも経済が支配因になるのではない。時代と場所に応じて、宗教が、政治が、経済が、「支配因」になる。どの領域が「支配因」になるかを決定するものを「決定因」とよぶ。支配因と決定因との関係の分析は、近代以前の諸社会の研究では重要になる。近代資本制社会では、支配因と決定因とが重なりひとつになる。これが資本制社会の歴史的特性（個性）となるといってよい。これに対して、未開社会では、例えば親族関係が「宗教」であり「政治」であり「経済」でありというふうに、支配因と決定因が弁別できなくなる。これも未開社会の歴史的特性である。

このようにすれば、歴史的社会の分析でかなりめりはりのきく研究展望がでてくるであろう。少なくとも平板さはさけられる。けれども「決定因」がいつも「経済」におかれるのがマルクス主義の原則であるが、経済も下部構造の中の上部構造ではないかという問いも立てられる。経済制度を上部構造にする何ごとかがあるとしないと、未開社会の構造が理解できなくなるが、いずれにしてもこの方面の研究は、開かれた領域として今後にもちこされている。

## 異質の時間性の発見

最後に、社会の歴史性の問題にふれておこう。旧マルクス主義の歴史観は、啓蒙主義的な発想にもとずく「発展段階論」であった（アジア的、ギリシア=ローマ的、封建制的、資本制的、生産諸様式の上昇的発達）。この歴史観の基礎には、技術=生産力中心主義が横たわっているが、それ以外に独自の「時間」観がある。過去から現在を通って未来へと流れる大きな「時間」があるという想定である。これは経験に合うし、わかりやすい。けれども、社会構造の中の「時間」のあり方は一本調子の時間流では処理できない。もしそうなら、同時代の社会の諸領域の諸々の時間はみんな同じ時間、同じリズムをもつことになるはずだが、実はそうではない。社会の諸領域は、前にみたように「自律」運動しており、だから独自のちがった運動様式・律動様式をもっている。つまり社会体の中には、種々の「時間」が絡まりあっているわけである。

アルチュセールの貢献は、社会体に存在する異種の時間性を見出したことである。異質時間性の階層性があるがゆえに、経済、政治、イデオロギーの相互的な動きのズレが生じ、たとえば、「後進」国における「遺制」の問題も十分作用力をもった現実性として把握されるようになった。遺制はいつかは消えさる単なる痕跡《こんせき》ではなく、ある時代のある社会を現実に動かすものなのだ（フランス革命期のローマ崇拝、ロシアのスターリン主義的《個人崇拝》など）。

私たちは、社会や歴史を科学的に分析しようとするとき、日常的経験によりかかってはだめで、分析のための概念をつくらなければならない。ところが、とりわけ時間論の場合には、日常意識の中の時間観念（カレンダー－タイム、時計時間）が社会科学では支配的なのである。経済構造の中にもいくつかの時間があり、複雑な結合をしているのだ。新しい異質時間性の概念と理論をつくることをマルクスは要求しているが、久しく無視されてきた。これを前面に課題としておしだしたのは、アルチュセールである。なお考えぬいていかねばならない理論的困難さはあるが、問題に気付くことは、それだけでも大したことなのである。

## 5　ヘーゲルの遺産について

**ヘーゲルから何を学んだか**　私たちはこれまで、ヘーゲル弁証法を転倒するとはどういうことかという問いからはじまって、唯物論的矛盾論、理論的実践論、社会体の構造と歴史性を経めぐり、唯物弁証法の再構成が直面する課題をみてきた。アルチュセールの弁証法研究の概観を終えるにあたって、もういちどヘーゲルとマルクスとの関係に別の照明を当ててみよう。今度は、ヘーゲル・マルクス関係の肯定的側面が問題となる。

マルクスはヘーゲル哲学を学ぶことから思想的生涯を開始したわけで、後にマルクスがヘーゲルと違う立場に立つことになるにせよ、二人の思想家の親近性は否定すべくもない。実際、エンゲルスは、マルクスとかれの思想も、マルクス主義が浸透したドイツ労働運動も、ともにドイツ古典哲

エンゲルス

学の後継者である、とさえいっている。

このような思想史的事実から、これまでヘーゲル・マルクス関係は連続的発展の見地から考察されてきた。すでに見たように、アルチュセールはヘーゲルとマルクスとの断絶を強調した。しかし、マルクスがヘーゲルと手を切るときに、全く白紙状態で思索するのではなく、過去の思想的遺産を手がかりにし、またそれを生産的に利用して進むほかはない。マルクスがかれ独自の思想をつくり上げるには、何らかの形でヘーゲルが積極的な役割を果したとみることも十分根拠があるわけである。

それでは、マルクスにとってヘーゲルの肯定的な遺産とは何であるか。アルチュセールの考えをみてみよう。

ヘーゲルの弁証法的展開過程を図式的にみてみよう。第一に、ヘーゲルの展開過程の担い手は「理念」ないし「精神」である。「理念」や「精神」は決して「人間」ではなく、むしろ「神＝聖霊」である。その意味では、近代的人間をさす「主体」はヘーゲルの過程のなかでは主役ではない。第二に、否定の否定＝止揚の論理は、起源・本質・目的が否定を媒介にして自己実現する歴史過程の論理を示す。ヘーゲルの疎外論（否定の否定）は「理念」＝「目的」の疎外論であり疎外克服論である。つまりヘーゲル弁証法とは「目的論的弁証法」である。

## 思索の源泉

右の二つの特徴は別々でなくひとつであるから、どちらを分離してもヘーゲル的でなくなる。マルクスにとって二つの特徴をそっくりうけつぐことは問題にならない。しかしどちらの側面がマルクスを啓発したのだろう。若きマルクスは疎外論の側面をうけついだ。『ドイツ・イデオロギー』以降のマルクスは、第一の側面、ヘーゲルの過程論をうけついだ。

疎外論を否定することは、弁証法から「目的論」をなくすことである。マルクスの歴史の弁証法過程は、非目的論的過程である。マルクスにおいては、「神」とか「人類一般」とか「人間の本質」という「目的」は消滅する。

ヘーゲルの「過程」をうけつぐことは、ヘーゲルの過程には人間的主体が派生的でしかないという意味で、「主体なき過程」をうけつぐことである。近代的人間主体には必ず「客体」がつきまとう（「ひと」と「もの」という法的フィクション）のだから、この過程論は「主体―客体なき過程」論でもある。

こうしてマルクスは、ヘーゲルから「過程」の概念をうけつぎ、かれの社会・歴史理論の根本概念にすえる。主体―客体についての近代イデオロギー、目的についての思弁哲学から解放されるとき、はじめて社会と歴史についての科学的認識の道が切りひらかれる。マルクス以前の社会・歴史研究は、目的・本質・精神その他のイデオロギーで充ちあふれていた。マルクスはこれらを一掃する。社会と歴史の「大陸」は、「主体─客体なき過程」およびそれを構成する構造の重層的結合体としてつかまれることになる（アルチュセール「マルクスのヘーゲルにたいする関係について」、邦訳『政治と歴史』紀伊国屋書店所収、「《主体も目的もない過程》という一カテゴリーにかんする考察」、邦訳『歴史・階級・人間』福村出版所収）。

ヘーゲルは若き日より過程の概念を多用した。マルクスも同じくそうした。ヘーゲルの過程論を構造や関係の概念でつくりなおすのがマルクスの仕事となる。その意味で、ヘーゲルはマルクスにとって欠かすことのできない思索の源泉となり、また手がかりとなった。

# 『資本論』研究

## 二つの根本問題

アルチュセールが『資本論』研究からひきだした理論的成果の一端は、すでに、前項の「弁証法研究」のなかでふれておいた。例えば、社会的全体の理論、社会体が運動する歴史性の理論などがそうである。

ここで扱おうとする問題は、アルチュセールがその著作『資本論を読む』の中で主題的に取り組む根本問題、すなわち、マルクスの認識論とは何であるか、マルクスの「経済学批判」とは何であるか、である。アルチュセールの第一論文「『資本論』からマルクスの哲学へ」は、マルクスの認識論を主題にしており、第二論文「『資本論』の対象」は経済学の対象とは異なるマルクス独自の対象（「経済学批判」の対象）を解明せんとしている。

私たちは右の二つの根本問題に話題を限り、他の興味深い諸論点はできるだけ省略することにしたい。

## 1　マルクスの認識論

**アルチュセールの哲学的課題**　マルクスは≪認識論≫の書物を書いているわけではない。マルクスがのこしてくれたのは、『資本論』という科学的研究の書物である。マルクスの「哲学」（ここでは認識論）を知ろうとするとき、哲学らしい哲学的文章がつまっている書物（例えば初期マルクスの『経済学・哲学草稿』）にそれを求めるのではなくて、マルクスの成熟した科学的実践の書物に求めるべきだ、こうアルチュセールは主張する。『資本論』には、潜在的に、≪実践状態で≫マルクスの哲学的思考が働いているからだ。

マルクスの哲学は『資本論』の中で潜在的に働いているにすぎない。その意味では、その哲学はまだない。潜在的な哲学に顕在的な形を与えること、マルクスの哲学を概念的に整えられた理論にまで上昇させること、これが哲学者アルチュセールの哲学的課題となる。

隠れているものをヴェールをはいであばくこと、それはイメージとしてはわかりやすい。が、書物に即してやることは大変な大仕事になる。本を≪読む≫といえば、単純にきこえるが、≪読む≫ことは、話す、沈黙する、と同じく、ひとが想像するほど単純ではない。≪読む≫とは事実上≪理論的思考≫・≪理論的実践≫なのである。アルチュセールは、私たちが前にみたような≪理論的実践≫の理論を、マルクスを≪読む≫ことに適用したといってもよい。≪マルクス≫＝『資本論』はいわば「理論的原料」であって、アルチュセールはそれを概念へと加工するわけである。

## 二つの対象の区別

さて、まずはじめに、マルクスの認識論的構想とは何であり、認識論史上のマルクスの位置はどんなものか、についてのべよう。

しばしばデカルトの『方法叙説』になぞらえてマルクスの『方法叙説』と称讃される『経済学批判序説』から、ひとつの文章を引用してみる。

「ヘーゲルは、実在的なものを、自分のうちに自分を総括し自分のうちに沈潜し、自分自身から運動する思考の結果としてとらえるという幻想におちいったのであるが、しかし抽象的なものから具体的なものにのぼっていくという方法は、ただ具体的なものをわがものとし、それを一つの精神的に具体的なものとして再生産するという思考のための仕方でしかないのである。しかし、それは、けっして具体的なものそのものの成立過程ではない。……思考された全体として頭のなかに現われる全体は、思考する頭の産物である。この思考する頭は、自分にとって可能なただ一つの仕方で世界をわがものにするのであって、この仕方は、世界を芸術的に、宗教的に、実践的・精神的にわがものとするのとは違った仕方なのである。実在する主体は、相変らず頭の外でその独立性を保っている」。

マルクスの文章は少しゴタゴタしており、それだけに興呼深い内容をはらんではいるが、認識論的観点から要点をぬきだせばこうである——すなわち、区別されるべき二つの過程がある。いいかえると二つの対象が区別されねばならない。アルチュセールが強調するのもこの点である。

二つの過程、二つの対象とは何だろう。

ひとつは、私たちが具体的に生きている、生きることのできる実在の経験的な世界である。マルクスが前の文章で「実在的なもの」・「具体的なものそのものの成立過程」・「実在する主体」とよんでいる過程がそれだ。アルチュセールは、この実在的な具体的過程を、「実在的対象」（オブジェーレール）とよぶ。

もうひとつの過程は、徹頭徹尾、頭の中で生起する過程、つまり概念を生産する思考過程である。マルクスはこれを「〔実在的な〕具体的なものを一つの精神的に具体的なものとして再生産する思考の仕方」・「思考された全体として頭のなかに現れる全体」とよんでいる。アルチュセールはこれを「認識の対象」（オブジェードゥーコネッサンス）とよぶ。

この区別は実に何でもないあたりまえのことのように見えるだろう。ところが、この点に思想史上重要な事件がかくれているのだ。アルチュセールはこの区別に全重心をかける。なぜかといえば、思想史的にみると、この区別は事実上存在せず、二つの過程＝対象のどちらかがどちらかへ解消されてしまい、厳密な区別は不可能なままであった。この解消の仕方に応じて、歴史的に二つの思想の型ができあがる。

## 二つの思想型

第一の思想型。マルクスは前の引用文のなかでヘーゲルの幻想を批判している。ヘーゲルの「幻想」とは、「実在的対象」(いわゆる現実、自然や世界)がヘーゲル的精神=概念の産物にされてしまうことを言う。自然や社会は「概念」(理念・精神)の産物であるから、事実上、二つの対象=過程はひとつの精神過程に解消される。これは、観念論的世界観の典型である。アイディアルなものがリアルなものを産出する、アイディアルなものが世界の中心になる、という考え方が「観念論(アイディアリズム)」である。様々のヴァリエーションがあるが、最も首尾一貫した体系としてヘーゲルの哲学がある。西洋の支配的な哲学思想は、観念論の形而上学であったが、それはヘーゲルにおいて極致に達する。だから、もしヘーゲル哲学がくずれはじめるとすれば、それは西洋の支配的思想の土台がゆるぎはじめることで、大変な大事件になるはずのものである。

第二の思想型。マルクスの前の文章のなかではこの型は直接に論じられていない。だが論理的には、第一の型のちょうど正反対の型がありうるし、事実あったのである。頭の中で動く精神の過程(アルチュセールのいう「認識の対象」、マルクスのいう「思惟の具体物」)は「実在的対象」(自然や世界)の直接・間接の「写し」・「模像」であって、本質的なものは「実在的対象」の中に実在的にある、という。これは、精神的・思惟過程の産物(概念や理論)を実在的なものに解消する考え方である。この思想の典型は、経験論的実在論である。リアルなものが世界の中心であり、アイディアルなものはリアルなもののうちにすでにあるものをそっくりうけとるにすぎない、という考え方で、実在論（リアリズム）とよばれる。

経験論的実在論は、実在そのものの中心的役割を強調しているのだが、実は実在そのものではなくて、「経験」という何らかの精神と意識的の働きによって把握された「実在」を主張している。ここには、実在そのものと経験された、意識の働きを通した実在とを混同する事実がみられる。経験論の「実在」が精神によってとらえられるかぎりの実在だとすると、この種の実在論もまた観念論の一類型でもある。そうなれば、第一の型と第二の型は、事実上、同じ土俵の上での対立だということになる。

### 近代思想史上のマルクスの位置

近代西洋思想の根本思考図式は、しばしば、「主観―客観―意識作用―関係」と表示される。主―客のうち、どちらに重点をおくかに応じて、観念論や経験論の立場上のちがいがでてくる。また、主―客―関係が「意識の働き」で連結されている点をさして、近代西洋思想は、一括して「意識の哲学」とも称される。もしも、主―客―関係が単に「意識の働き」だけで結びあっているのでないとすれば、また「実在的対象」と「認識の対象」との関係が意識哲学とはちがう仕方で考えられるとすれば、「主―客」図式の上に立つ前記二つの思想類型は解体されざるをえない。

マルクスは、二つの過程＝対象をきっぱりと区別し、伝統思想のように、どちらかに一方を解消することを拒否する（前の引用文を参照）。ただそれだけでもう、マルクスの立場は、ヘーゲルとも経験論とも対立しているのである。思考のプロセスは独自の秩序をもった独自の運動をする。具体的な実在過程も独自の秩序をもって運動する。二つの異質の過程をひとつの観念的世界にまとめあげることは不可能なのである。不可能を可能にするところに、イデオロギーのイデオロギーたるゆえんがある。

アルチュセールは、マルクスのいわんとすることをたくみにすくい上げ、二つの対象＝過程を切断し、そうすることによって近代の思考図式を破壊しようとした。分離された一方の「対象＝過程」、すなわち「思考の過程」（「認識の対象」を生産する過程）の独自の秩序については、私達はすでに「理論的実践」の理論の項で詳しく検討したはずであるが、念のためもういちど参照していただきたい。では、もうひとつの極、「実在的対象」（具体的な社会と歴史の過程）についてはどう考えるべきか。

**実践の総体としての社会**

「実在的対象」は、われわれがその中で生きている社会関係の総体であり、現実の社会的全体である。「認識の対象」を生産する思考の過程（理論的実践）は、この「実在的対象」を認識する課題をもちつつ、この社会的全体の一領域を占める。マルクス的な

「認識」観は、認識をたんに「意識作用・精神活動」だけによる客観との関係としてとらえるのではなくて、複雑な実践的関係としてとらえることにとくに注意すべきである。知る・考える・認識するとは、純粋な自我の意識のなせるわざでなく、ひとつの社会的実践である。社会体は、思考もふくめてすべての領域が「実践」の総体として編成されたものだからである。

「実在的対象」としての社会的全体は、複数の実践過程の結合体であるが、これについてマルクスは、宗教的・芸術的・思考的等々の「世界をわがものとする仕方」とよんでいる（前の引用文を参照）。「世界をわがものとする仕方」のそれぞれについて研究を開始する合図が与えられる。社会の諸領域（経済、政治、宗教、芸術、科学……）がどのように「世界を獲得する」かの研究、これが社会・歴史科学的研究であろう。

まだ十分に前進していないが、それでも社会科学研究に新地平がひらかれたのも、「主—客」関係についての二大幻想がくつがえされたことによる。近代思想の地盤とは根本的にちがう地盤に立ったとき、マルクスははじめて社会的・歴史的世界の真に「マテリアルなもの」を発見したといえよう。前にみた二つの対象＝過程の区別という一見したところ無邪気な論点は実はこのように大きな射程をもっていたことがわかる。

## マルクスの「理論的革命」

近代思想の土台をなす「主―客」図式は、二つの「対象」が峻別《しゅんべつ》されたときに解体する、とアルチュセールはいった。この「根本図式の解体」は、思想史上、ひとつの大革命ではないだろうか。アルチュセールは、これをマルクスによる「理論的革命」とよぶ。近代思想は、世界を把握することを、主観が意識（思考）を通して客観を「認識する」というふうに理解してきた。近代西洋思想は、「認識問題」中心に動いてきたといってよい。「認識」という行為のとらえ方が変革されるという意味で、マルクスの理論的革命は「認識論的革命」といえよう。

では、理論的革命によってどんな成果がえられたといえるのだろうか。すでに少しふれたように、マルクスは近代思想の枠からはみだしてはじめて社会と歴史の新しい研究方向を見出した。『資本論』に代表される社会と歴史の科学的認識はその結果である（アルチュセールは「歴史の科学」としての史的唯物論とよんでいる）。アルチュセールが理論的革命というのは、この新科学とともに生れ、まだ形をなしていないが科学的研究のなかで潜在的に働いているマルクス独自の哲学の創出を意味している。この哲学の新しさとその意味がさぐられねばならない。

## 二つの因果論

アルチュセールが『資本論を読む』のなかで吟味する問題は、科学的叙述の論理としての因果性の問題である。マルクスの因果論がもっている独自の新しさとは何だろうか。

因果性（Causality）の理論は、平たくいえば、原因と結果との関係を一般的に考察する理論である。例えば、ある事件がおきたとき、なぜおきたかの原因をさぐり、その原因と結果としての事件と結びつけて説明するとき、私たちは事実上何らかの因果性の理論にのっとって考えているわけである。「後」のものを「先」のものから順々に説明する仕方は、もっとも素朴な因果論であるが、それは「推移的」因果性とよばれる。

以前に私たちがマルクスの「社会的全体」の概念をみたとき、決定因や支配因となる特定の構造が他の諸構造に効果を及ぼす「効果の階層性」の問題に直面したことがあるが、すでにここにマルクスの固有の因果論が顔を出していた。ある構造がそれの結果としての他の構造に及ぼす作用＝効果、あるいはひとつの全体がそれの諸要素に及ぼす作用＝効果、をどう考えるのか。マルクス以前の人々はどう考えていたのか。マルクス自身はどう考えたのだろうか。

アルチュセールによると、マルクス以前には二つの因果論があった。ひとつは、デカルトがはじめた「機械論的」因果論である。その考え方は、時間的に先なるものを原因にみたて、時間的に後なるものを結果として推移的に説明する、あるいはもっとも単純なもの（原因）に具体的全体（結果）を分解して、分析的に説明するやり方である。もうひとつの因果論は、「ライプニッツ＝ヘーゲル的」な「表出」による説明である。全体は「内的本質」に還元され、全体の諸部分は「内的本質」を「表出する」といういわゆる「本質－現象」図式で示される説明図式である。

構造とその結果あるいは要素との関係が問われているが、機械論は全く役に立たない（機械論はその問題を知らなかったから）。第二の表出論は、観念的ではあれ、この問いにこたえようとした。しかし、現実の社会の諸領域（経済、政治、法、その他）がある精神的な「内的本質」を映し表出するといえるのは、世界が神のごとき聖霊で充たされると考えないかぎり不可能である。前にみたように互いに異質的なものは他の異質的なものを映したり、宿らせたり、表出したりできないのである。

**構造と要素との関係**　物質的に互いに異質な構造をもつ諸領域がからみあっている社会的全体において、構造や全体がその結果や要素に及ぼす作用を考える場合、右の二つの考え方とはちがう考え方を必要とする。

マルクスは比喩的な表現でのべているが、この問題に気づいていた。「どんな社会形態においても、ある特定の生産とその諸関係が、他のすべての生産とその諸関係に、それの地位と重要性を割りあてる。それは一般的照明であって、その中ですべての色彩がひたされ、個々の色調が変容される。それは特殊なエーテルであって、その中に生ずるすべての存在形態の比重を決定する」（マルクス『経済学批判序説』一八五七年）。

ここでマルクスが「一般的照明」や「エーテル」とよぶものがある支配的な構造を指し、「他の生産とその諸関係」や「個々の色調」が構造が生みだす諸結果や個々の現象を指すとみなしうるなら、マルクスは明らかに「ある構造によるその諸結果の決定」という問題に気づいているといえよう。ガリレイ＝デカルト型の機械論もライプニッツ＝ヘーゲル型の表出論もこの問題を解くのに不向きであるなら、どのような新しい型の因果性が構想されうるのだろうか。

マルクスが提起した根本的に新しい認識論上の問題とは、まさにこの独自な因果性の理論をつくることであったが、これは次のような問いで言いあらわされる──「どのような概念によって、またどんな概念の集まりから、支配的構造による従属的構造の決定が考えられうるのか。言いかえると、いかにして構造的因果性を定義すればよいのか」（アルチュセール「『資本論』の対象」、『資本論を読む』第二巻）。

**構造的因果性**　前に私たちは、基本的な構造の効果が基軸となりつつも副次的な諸決定が階層的につみ重なってひとつの事件・現象・「矛盾」が生みだされる事態を「重層的決定」の概念でとらえる考え方をみた。構造的因果性の根本性格のひとつは、この「重層的決定」である。ひとつひとつの出来事の成り立ちは、いわばひと筋縄ではないことを示している。機械論や表出論は単層的・線型的に認識する型だといえる。マルクスの方法は、非線型的・重層的認識方法だともいえよう。

具体例で考えてみよう。二人のひと（A・B）が互いに生産物（a、b）を交換しあうというごく単純な経済的社会関係を設定してみる。両者は一定の合意の下でそれぞれの商品の価格（交換価値）を決める。そのとき、aとbの価格はどうして決まるのか。一方に、aはbによって、bはaによって決まるという相互決定論（相対価格論）がある。他方に、aとbに共通する第三者cが決定者になるという本質—現象の表出論がある。この二つの立場は現在もなお対立しつづけている。ふつう、マルクスの説は後者だとされているが、果たしてそうだろうか。

右の単純なモデル・ケースにおいて、私たちが経験的に確認できることは、(1)二つの有用物があること、(2)二つのものがそれぞれの価格をもっていること、(3)二つがそれぞれの価格に応じて交換できること、である。a、bおよび相対価格という三つの要因以外に何ものも認めない相対主義にたいして、もうひとつの要因（絶対基準＝価値）をみとめることを古典派経済学の功績だとマルクスはいう。価値の概念が提起する問題を、「本質—現象」の表出論（本質＝価値が二つの物に交換価値として表出される）で処理しないとすれば、どうするのか。伝統的マルクス主義は表出論に立つがマルクスはちがう、とアルチュセールは考える。

経験的にはa—b—相対価格しかないのは確かである（相対主義の「真理」）。しかし、AとBを特殊な取引関係にひきこみ、a、bというもともと商品にあらざるものを商品（経済現象）にする何かがないと、およそ取引＝交換が考えられまい。価値問題が提出するのは、ちょうどこの別種の何か（X）である。このX《エックス》は実体＝本質＝絶対者といったものではなく、A（a）、B（b）、および両者の交換をつつむひとつの全体＝構造である。ただし、A、Bという当事者はこの全体＝構造を「見る」ことはできず、ふつうは気づきもしない。

**構造の奇妙なふるまい**　構造はたしかに現実に存在している。にもかかわらず、構造は市場取引の場面からは消え去ってしまう。姿を消しつつ、しかも現実に存在しつづける（つまり作用しつづける）、この奇妙な構造のふるまいを「構造的因果性」という。構造が「効果」を及ぼすから、AとBは「商品交換者」になり、構造がなければAとBは互いに無縁である。この意味で「構造はその結果（A、B、交換）に現存する」。他方、AとBはこの構造を経験的に見ることも気づくこともないから、その意味では「構造はその結果のなかで不在である」。

不在の構造、不在の原因が現実的に、その結果に効果を及ぼす（現実に存在する）。これは現実的な事象そのものであり、この事象の論理を叙述する仕方が「構造的因果性」の理論とよばれる。マルクスは、全く新しい事象を発見することで、全く新しい分析方法を手に入れた。この方法は、マルクス以前の思想史には前例がないのだから、「理論的革命」とよばれるのである。

マルクスは『資本論』の最も重要な理論部分で、ヘーゲルとまちがえられるほど「ヘーゲルに媚《こび》を呈し」つつ格闘する「事象―問題」は、右のとおりであった。「唯物弁証法」が構造因果性の方向で組みなおされるとすれば、マルクスの学問的世界は新たな光の下で現代に甦えるであろうし、他の社会・人間科学の仕事（精神分析、人類学、言語学など）と稔り豊かな交流をも期待することができよう。事実、アルチュセールはこの方向を目ざして、しごくめんどうなマルクス再読を試みたのである。決して見すごすことのできないすぐれた業績といわねばならない。

## 2　経済学批判の意味

**経済学批判とは**　経済学を批判すること、それは若きマルクスから晩年のマルクスにいたるまでの一貫したテーマであった。一八四四年の『経済学・哲学草稿』は「経済学批判」と題して出版する予定の下で書かれたものである（事情により未公刊になった）し、一八五九年にそのものずばりの名をもつ『経済学批判』が世に出た。『経済学批判』を発展させて体系的に書きなおされた一八六七年の『資本論』の正確な標題は、『資本――経済学批判』である。

〈経済学批判〉は生涯マルクスにとり憑《つ》いたといえる。「批判する」という仕事を完成させるために、幾度も仕事をやり直し、やり直しのジグザグ道を辿《たど》りつつ、ついに『資本論』第一巻の出版に到達した。マルクス自身が公刊したのは第一巻だけであるが、第二巻と第三巻はマルクスの草稿をもとにエンゲルスの手で整理されて発表されることになった。しかし、マルクスは公表こそしなかったけれども、たえず新しい研究に着手したり、既刊の内容を改訂したりする仕事を死の直前までつづけた。〈経済学批判〉はマルクスの一生の大仕事であったのだ。

〈経済学批判〉というコトバは、書物の標題になったり副題になったりしてこもごもあらわれるが、このコトバの意味は一体何だろう。ふつう、〈経済学批判〉はマルクス（主義）経済学のことだといわれているが、そうするとマルクスは自分の「経済学」の特色を示すために、（古典派）経済学批判という用語をつかったといってよいのだろうか。いいかえれば、〈経済学批判〉とは「批判的経済学」のことなのだろうか。多くのマルクス主義経済学者は「経済学批判＝批判的経済学」と考えているようだ。「ブルジョア」経済学に対して「プロレタリア」経済学があるというわけだろう。

もしも経済学批判が批判的経済学であるのなら、「ブルジョア」経済学と方向や立場こそちがえ、経済学批判もやはりひとつの「経済学」であることにはまちがいない。果たしてそうだろうか。

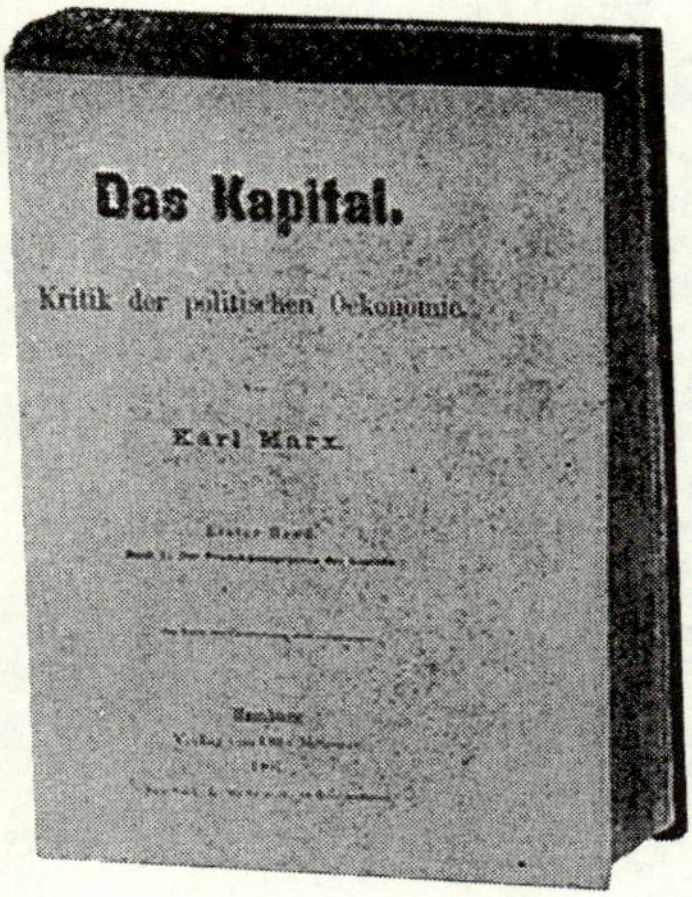

『資本論』の扉

アルチュセールは、経済学批判＝マルクス主義経済学という通説に挑戦する。この通説は、「批判」の意味をとりちがえ、とりちがえによってマルクスの科学的仕事の歴史的意義を忘却し、ついにはマルクスの仕事をもろもろの経済学のうちのひとつにおとしめてしまったからである。「経済学批判」を「ひとつの経済学」（批判的という形容詞つきの）にひきさげることは、マルクスの仕事（『資本論』）の意義全体を理解することにとって途方もない障害物を生みおとしてしまったとすれば、事態のすべては、マルクス的「批判」の概念をどう理解するかにかかってくる。

### マルクスの「批判」の意味

アルチュセールは、マルクスが「批判」にこめた意味をとりだそうとする。批判は、常識的意味では、例えば古典派経済学の諸概念の不十分さや欠陥を訂正したり、欠けたコトバをおぎなって理論を補充したり、などすることである。事実、マルクスはこの意味での批判的作業を尨大《ぼうだい》におこなっている（例えば、『剰余価値学説史』全三巻に収められたマルクスの読書ノートの多くはそうした作業でもある）。しかし、常識的な意味ではない批判の作業こそマルクス理解にとって肝心である。

マルクス的批判は、たんに、欠陥を指摘して穴をうめる仕事ではない。経済学批判とは、「経済学」そのものをまるごと「問題」にしてしまい、「経済学」の権利上の存立可能性を問うことである。事実の面でいえば、経済学は昔も今も存立している。そのことはさしあたり大したことではない。「社会の科学として」の権利上の事柄に即してみるとき、「経済学」は、果たしてこの権利要求に応《こた》えているのかどうか、これが問われている。この問いを出すことが、マルクス的批判の仕事であった。

経済学の歴史には、アダム＝スミス（Adam Smith 1723—90）、フランソワ＝ケネー（François Quesnay 1694—1774）、デイヴィット＝リカード（David Ricardo 1772—1823）、その他の巨匠たちの名がみられる。かれらの仕事に重々敬意を表しつつも、マルクスは、かれらの経済学的認識が社会の科学として、原理的に十分根拠づけられた科学的認識になっているのか、かれらが共通して立っている地盤そのものに問題がないか、を吟味するのである。

私たちは、すでに前の諸項目において、マルクスの科学上の革命と哲学上の革命にふれている。マルクスの哲学的革命（新しい因果性の理論）が、新しい科学革命とともに生誕したこともみた。この科学革命は、経済学批判とひとつであり、「批判」によって経済学の地盤がゆるがされ解体されて、新しい地盤の上に立つ科学的認識の新展望が生れたわけである。今や、この「新しい地盤」とは何であるかを語るときである。

誰もが信じて疑わずに立っている諸前提を問うのが、古来、哲学の仕事になっている。科学的認識を吟味する認識論もまた、特定の科学（ここでは経済学）の前提を問う。まずは、経済学の大前提をあばき出してみなくてはならない。

経済学の前提を問うことは、何よりもまず経済学の「対象」を問うことからはじまる。経済学の「対象」は、私たちが以前に考察した用語をもって表現するなら、経験的な「実在的対象」ではなくて「認識の対象」である。「認識の対象」とは、くりかえし確認しておくなら、概念と概念体系を指すと考えていただければよい。ごく簡単にいえば、この対象は経済学の思考空間を意味している。

それでは、経済学の「認識の対象」はどんな仕組みになっているのだろうか。

**測定可能な数量的世界**

第一点――経済現象や経済的事実はことごとく「測定可能」という性質をもつ。経済現象・事実は、測定可能であるのだから、本質的に「量的」ないし「量化可能」という性格をもっている。逆にいえば、量化可能、測定可能でなければ、ある現象は経済現象にならない。したがって、経済学はことのはじめから経済現象あるいは人々の経済行動を数量化できると前提してしまっている。

経済現象の事物的側面に着目するなら、現象の多様性があらわれる。けれども、すべての現象に共通する性格が、量的であること、測ることができることであるから、経済学の対象（数量空間）は基本的に「同質的」空間だといえよう。量とは質なき同質性のことだから。例えば、土地、水、空気という自然そのものも、机や機械といった人工物も、さらには個々人やその肉体も、互いに異質であるにもかかわらず、経済学の対象の地平ではことごとく「価格」（貨幣表示）という数量化表現をこうむる。

経済学の「対象」はこのように数量的世界であるから、経済学は、数学的形式化をするしないにかかわらず、元来「数理的」な学科である。近年の数理的経済学の発達は、認識論的には、経済学の対象の基本性格からのすなおな帰結なのである。

経済学の対象の量的同質性は、経済学者にとって（また商品経済生活をいとなむ私たちにとっても）自明のことで、誰も怪しまない。疑いをはさむ方が怪しまれるほどに、この対象の性格は、経済学の大前提なのである。

**ホモ‐エコノミクスの人間学**　第二点――経済学の対象の量的同質性は、実はもうひとつの大前提の結果である。ある行為（例えば、ものをつくる行為）を「経済的」と定義づけ、あるひとの行為も他のひとの行為も同じ仕方で量的に比較測定できるようにさせる根本的なものの見方が、根底によこたわっている。

経済的世界は、生産すること、交換すること、分配すること、消費すること、といった人間の行動に結びついている。生産し消費する人間についての特定の考え方が、これらの行為を「経済的」行為にし、経済的世界を同質的にする。この特定の考え方は、ふつう「ホモ‐エコノミクス」（経済人）の人間学とよばれている。

あるものを「役立つ」と判断させるものは、人間の「欲望」である。欲望―充足（消費）を中心に世界をみる思想が「ホモ‐エコノミクス」の人間学である。それは、近代資本制商品経済の担い手たち（市民社会の市民）の現実的経験をぴったり表現してもいる。近代市民社会は、生産ではなくて消費（欲望）が原動力になっている。ヘーゲルは近代市民社会をいみじくも「欲望の体系」とよんでいる。

ホモ－エコノミクス、エコノミック－マンというときの「エコノミー」に少し注意する必要がある。そのコトバには西ヨーロッパ特有の意味あいがふくまれているからだ。エコノミーは、もともとは、「家政」、すなわち「家」の管理・運営・経営を意味し、この経験から「節約」の意味も派生してきた。近代的エコノミーには、もうひとつ特有の意味が付け加わる。精神も行動も「合理的に」・「能率的に」統御することが重要になる。ホモ－エコノミクスとは、ラショナル－マン（合理的人間）のことでもある。例えば、アダム＝スミスの経済学の主体たちは、事実上ほぼ完全な合理主義者で、自分はもとより他人の行動と動機、さらに市場の情報をすべて「知っている」と仮定されているほどである。自分をふくむ全世界を合理的に計算しつくし、しかる後に市場戦争に「賭ける」、これがホモ－エコノミクスの理想像である。

近代社会のすべてのひとが、計算合理的節約（エコノミー）をする「経済人」＝「合理人」と想定すること、またこの想定（人間把握）が特定の行動（生産、その他）を「経済的＝合理的」と評価させること、そしてこの評価が計算合理性に基くがゆえに「経済的」行動や事象を量化可能な同質的行動や事象にさせること、これらの働きを「ホモ－エコノミクス」の人間学がおこなう。経済学の対象の下には、それを成り立たせるこの人間学が絶対的条件として前提されている。この人間学的イデオロギーもまたふつうは自覚されないほど自明とみなされている。

したがって、経済学（古典派経済学をふくむすべての経済学）の「認識の対象」の仕組みは、対象の量的同質性（数量性格）とそれを根拠づけるホモ－エコノミクスの人間学との二層から成ることがわかった。どの側面も私たちの日常意識に沿っているかぎりで、「経済学」（ポリティカル－エコノミーであれエコノミックスであれ）の認識成果は、「現実に合う」かにみえる。そこに実は幻想と錯覚があることをマルクスは見ぬいた。

すべての人間が合理的にふるまうとみなすことも、人間の物質的行動（つくること、食うこと）が計算合理的なエコノミーであるとみることも、一定のイデオロギー的人間観の極端な一般化と抽象化でしかない。近代西ヨーロッパという一地域に発生した特定の生活態度（これは歴史的事実である）の歴史性と局地性を消去すれば、この「合理主義」は部分的な現実的根拠しかないイデオロギーに転化する。この種の社会史的批判をまつまでもなく、経済学的認識操作のレベルでみても、現象の数量化把握は、数量化できない事象をおしかくす働きをする。かくされた事象の方がむしろ重要であり、そこからいわゆる経済なるものを別の形でみなおすこともできるはずである。マルクスがねらったのも、実はそのような新しい見方をたてることであった。

認識論的にみるとき、マルクスの「経済学批判」に、「経済学の対象」の構造そのものを解体してしまうことである。事象の量的同質性とそれを支える人間学を解体すること、それは、別種の認識の対象と地盤をつくることである。以前の用語法でいえば、マルクスは古典派経済学の対象のイデオロギー性と「認識論的に断絶し」、新たなる社会と歴史の科学を創始したことになる。

## 「生産様式」とは

アルチュセールはマルクスの科学を「歴史の科学」とよぶが、「歴史の科学」とはどういうものなのか。それは、経済学の数量的世界がかくれてしまった現実をあばくために、量化以前的社会構造の概念の体系をつくり上げる。アルチュセールによれば、マルクスは「生産様式」とそれに基く「社会形成体」の概念をつくり、社会と歴史の構造と運動を解明する科学を構築しようとした。

社会構造の最も基本的な仕組みは、「生産様式」で表される。この概念の組み方をみよう。まずどんな社会にも貫徹している「労働過程」がある。この過程の要素は、労働力、労働対象、労働手段である。この三要素は二重に組織される。第一に、労働力（労働者）が自然とかかわり自然を現実にわがものにする組織化、つまり生産力の構造がある。第二に、私的所有の観点から、非所有者が前記三要素を組織する仕方、つまり生産関係の構造がある。こうして、生産様式の構造（仕組み）は、生産力と生産関係という二つの構造から成る（二つの構造をさらにひとつの大きい構造へ組み上げるという構造の重層化）。

生産様式をごく平凡に表現すると、資本制生産様式の場合、生産関係は資本（家）と賃労働（者）との所有関係であり、生産力は近代工場制工業（機械制という技術）である。

ところで、この複合的な生産様式は、その「経済的」結果をたえず産出するが、産出された結果の展開の下でふつうはかくされている。私たちの眼にもふれる現象は、生産様式の結果でしかない。この結果の記述学がいわゆる「経済学」である。経済学がたしかにみとめるように生産様式の諸結果（経済現象）は事実において数量現象であるが、この数量現象を可能にし限界づけるものは、結果を生んだ原因としての生産様式の構造である。生産様式の構造は数量化できない。生産様式の構造は構造の重層的結合であるから、分析による以外に把握できないのである。

経済学が確かな地盤と信じて立っている量的同質性の空間は、実は物質的で異質の諸構造の結合体（生産様式）が生みだしたものでしかない。経済学はこの土台＝下部構造をかくしてしまった。ここにマルクスの経済学批判の要点がある。マルクスは数量的に処理できる現象を否定したのでなく、その現象の由来と限界をあばいたのである。だから、マルクスの科学（とくに『資本論』の科学）は、断じて「経済学」ではなくて、別種の科学、かくされた社会構造の解剖学である。

## 「社会形成体」とは

「社会形成体」（または社会構成体）の概念は、社会体の内にあるもろもろの生産様式（経済的、政治的、イデオロギー的、などの）から構成される。社会体は経済で動くのでなく、もろもろの層の結合体として動いていく。社会体を生産様式の複合的結合体としてつかみなおすとき「社会形成体」ができる。「社会の歴史」とは、このおそろしく複雑な社会形成体が「移行」する現象をさす。だから歴史の科学的分析とは、たとえば、封建制から資本主義へ、資本主義から社会主義への社会体の移行と、数種の社会形成体の理論をつくりつつ分析することになるだろう。単に過去—現在—未来の時間線上に事件を並べることではない。こうしたことをふくめて、アルチュセールはマルクスの科学に「歴史の科学」という名を与えている。

最後に、マルクスの経済学批判の意味とは何であったろうかを、もういちど確認しておこう。マルクスの批判は、経済学の対象を根本からくつがえし、新しい社会の科学のための土台をすえることであった。経済学の認識空間は原理的にマルクスによって否定されるから、マルクスの経済学批判は、いかなる意味でも経済学ではなく、だからマルクス主義「経済学」なるものもありえない。経済学は原理上リカードで完成し終局に達したというのがマルクスの見解である。マルクス（主義）経済学なる学科は、マルクスを再びマルクス以前の思想へと送りもどすことになるだろう。

右のことは、アルチュセールが『資本論を読む』第二巻（「資本論の対象」とくに第七章）で解明しようとしたことである。この意見は全世界でまだ無視されているようだが、私たちはまじめにうけとって考えるべき重要な研究である。

近年、公害、エネルギー、資源の諸問題に直面するようになった社会科学者たちは、経済学の前提に疑いの目を向けだしている。今や、マルクスがすでにやったことが、多くの先進的な社会科学者によって実行されつつある。その意味でも、アルチュセールが解釈したマルクス像は現代的意味をかつて以上にもってくるだろうといってよい。

# イデオロギー論

## イデオロギーの由来

イデオロギーというコトバは、日本でも今では日常語になっていて、いわば手あかで汚れたコトバである。イデオロギーはふつうの語感から察するに世界観といったほどの意味で使われているだろう。しかし、イデオロギーであれ世界観であれ、少し突っこんで考えてみるとはっきりしなくなるコトバではある。

「イデオロギー」は歴史的にみると最初は一八世紀末から一九世紀初めにかけてフランスの思想家たちがつくり出したコトバである。デステュット＝ド＝トラシー（Destutt de Tracy 1754—1836）とかカバニス（Pierre Cabanis 1757—1808）といったひとたちは、「観念の理論」を「イデオロギー」と称した。だから、イデオロギーはもともと認識論や論理学の別名であった。この意味での「イデオロギー」を研究する人々は、ナポレオン時代に「イデオローグ」とよばれた。イデオローグのイデオロギー論は一九世紀初頭に流行しただけで消滅するが、イデオロギーやイデオローグというコトバだけがのこり、以後、別の意味あいがこめられていく。

新しい意味あいをこめた「イデオロギー」概念が登場するのは、マルクス主義の中でである。マルクスの諸著作のなかで使用される「イデオロギー」は宗教、哲学その他のいろいろな観念形成体を総称する概念で、社会体の特定の領域、上部構造の一領域を占めるものである。マルクスのイデオロギー論がもっともよく出ている著作は、未公刊のエンゲルスとの共著『ドイツ・イデオロギー』である。

マルクス主義とともに「イデオロギー」というコトバは乱発されるようになり、それが今や日常語にすらなっているが、ここではマルクス主義におけるイデオロギー論が正確にはどう理解されるべきか、この概念が社会の科学にとってどう役立つのかを、アルチュセールとともに確めることが目的になる。

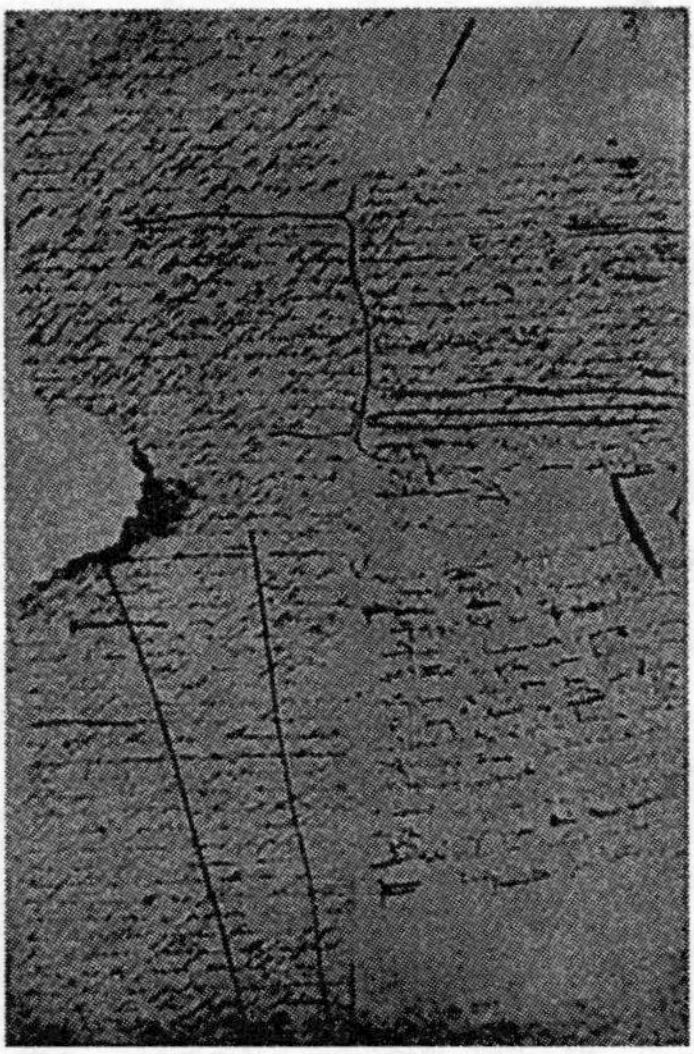

「ドイツ－イデオロギー」の草稿

**イデオロギーの社会的意義**　まずはじめに、イデオロギーを研究する意義についてのべておきたい。ふつうひとはイデオロギーを科学に対置して消極的な思考形式と考えがちである。たしかに思考の仕組みの面で、イデオロギーと科学とは別物で区別されるべきだとしても、だからといってイデオロギーが社会生活上の位置からしてどうでもよいものだというわけにはいかない。イデオロギーは、社会体（社会形成体）のなかで不可欠かつ不可避の領域であり、社会の重要な構成要因なのである。認識論的な意味でイデオロギーが科学から峻別され消極的な位置におかれることと、社会の全体的研究のさいにイデオロギーを重視することとは何ら矛盾することではない。

例えば、経済学者は経済行為者（生産者や消費者）がもっているイデオロギーをあたかも存在しないかのごとくに扱っているが、現実的には、近代市民社会が生んだイデオロギーなしには経済行為者は行動することができないばかりでなく、資本制商品社会が成りたっていかない。労働者たちが資本制イデオロギーから完全に分離するなら、資本—賃労働関係はすぐさまこわれるだろう。日常的にふつうの労働者たちが市民社会のイデオロギー（例えばデモクラシー）を信ずるかぎりで、資本制社会は維持されうるわけである。経済学はこの現実態の一面（物流の数量的側面）だけをぬきだし記述する学科である。

このようなイデオロギーの社会的機能や社会的意義をとりわけ強調し、科学分析の対象にすえたのが、ほかならぬマルクスである。例えば、マルクスは『資本論』のなかで商品交換関係を分析するとき、商品交換の当事者たちのイデオロギーを無視するわけにはいかないことを明示した。経済的イデオロギー（たとえば、ものがひとりでに交換価値や価格をもつと信ずる「物神崇拝」）は経済的現実世界の不可欠の構成部分である。同じことは、社会のあらゆる領域について言えるだろう。

イデオロギーは、単に頭の中に浮遊する観念ではなく、社会的な観念であり、ひとの生死を左右する意味でも物質的な観念形成体であるといってよい。このような意味でのイデオロギーを研究することが課題になっている。

## 1　イデオロギーの二つの成層

**二つの層**　イデオロギー（観念形成体）は、社会内の特定の場所を占める社会的・物質的な領域であり、それ自体、複合的な重層構造をもっている。個々人の観念ではなく、社会的構造としてのイデオロギーが問題になっていることに注意しよう。話をはっきりさせるために、イデオロギーの重層構造をまず二重構造としておさえてみる。二つの層、二つの型をとりだしておきたい。

第一の層——理論的イデオロギー。

理論的イデオロギーの具体例をさがすとすれば、ずっと以前にふれたヒューマニズム（人間中心主義）、歴史主義、経済中心主義、スターリン主義、デモクラシー、等々があげられる。もう少し限定すると、ヘーゲルの思弁哲学、フォイエルバッハの人間学、サルトルの実存主義、などが典型的な例である。

理論的イデオロギーは、それなりに首尾一貫した論理的構成をもち、思考の型として科学的思考と対比されるようなイデオロギーである。この理論的イデオロギーについては、すでに私たちにおおよそのことを知っている。以前に、私たちは、「初期マルクス研究」の項で、「理論的問題設定」の概念とともに、理論的イデオロギーの構造を学んだはずである。ヘーゲルやフォイエルバッハにはそれぞれに独自の理論的問題設定（問い方と答え方との仕組み）があって、この問題設定を中心にそれぞれの哲学的イデオロギーが体系的に統一されている。これが理論的イデオロギーとよばれるものであった。

このイデオロギー型は、思考する者が自覚的・体系的に展開する（問題設定は無自覚的なままにとどまることがある）イデオロギーという意味で、理論的と形容された。多くの大思想はこの型に属するが、日常的に世界観・人生観と称されるものも、多かれ少なかれ自覚的で理論的であるから、この型に属する。けれども、この層の下に、さらに根本的なイデオロギーの層がある。これこそイデオロギー本来の姿を示すものである。

第二の層――実践的イデオロギーあるいはイデオロギー一般。

イデオロギー一般を「実践的」と形容するのは、私たちがこの世界のなかで生きぬいていくためにはなくてはならないひとつの精神活動、生活と一体となり生活そのものになっているといってよい精神活動を指示するためである。このレベルでのイデオロギーは、生活＝実践とひとつになっているから、ふつうは自覚されない。だから、実践的イデオロギーはその点で自覚的な理論的イデオロギーと区別される。イデオロギー一般ないし実践的イデオロギーはイデオロギー形成体の最基底層である。

**実践的イデオロギーとは**

この基底層の実践的イデオロギーをどう定義したらよいのだろう。アルチュセールはこう定義している——「イデオロギーは諸個人の現実的な存在〔生活〕諸条件にたいするかれらの想像的関係の〔についての〕≪表象≫である。」（アルチュセール、西川訳『国家とイデオロギー』福村出版）。

「生きる」とは、ひとが世界つまり生存条件と関係することである。つくること・食うことも世界と関わることであるが、人間が生きてあることはそれだけではない。つくることや食うことと並んで、いやむしろそれらとひとつになって、この関係することそのことを「想像的に表象する」ことも生活の根本的要素なのである。物質的なもの（「食うこと」）と観念的なもの（「想像」や「表象」）とが不即不離の状態にあり、この状態を無自覚的に生きぬいているのが人間の原初的な生の場面である。観念的なものは物質的なものから切り離せないが、ここではあえて生活と一体になった実践的イデオロギーの構造と働きを知るために、観念的なものの側面に力点をおいて考えようとするわけである。

さて、人間諸個人は世界=現実的生存条件とのかかわりを「想像的に」生きる。この事実は善・悪判断をこえたいわば人間の「運命」である。世界とのかかわりについての想像上の「表象」、つまり実践的イデオロギーは、どんな社会にも働いており、社会がどう変わっても消滅しない。その意味で、基底的層としてのイデオロギーは人間存在の「永遠」の条件であるともいえよう。ひとは運命的に「物質」にとりつかれており、また「イデオロギー」にもとりつかれているわけだ。その意味で、人間は、ホモ・イデオロジクスだといえよう。

実践的イデオロギーは想像的であるのだが、だからといって完全に非現実的とは限らない。想像（イマジネール）が想像しているものは、人間の世界との現実的関係、現実の生活であるから、必ず一定の現実性をもつ。そうでなければひとは生きられない。他方、イデオロギーは、現実を想像的に生きるかぎり現実（生活）を「歪曲」する。「歪曲」の側面から、幻想、錯覚、その他が生ずる。実践的・生活的場面でのイデオロギーは、現実的にして非現実的という両義性をもつのだから、イデオロギーを一面的に虚偽とするわけにはいかない。観念的なものが「ウソ」の固まりであるなら、人類はとうの昔に滅んでいただろう。ここから、イデオロギーのもうひとつの定義がひき出される。

アルチュセールは、「イデオロギーは物質的存在をもっている」（前掲書）と言っている。観念的・想像的表象であるイデオロギーが物質的でもあること、これはイデオロギーが人間の日常的生活・日常的行為（実践）とひとつとなり、現実生活の不可欠部分になっていることから出てくる。ひとは日常生活のさまざまな慣行・儀礼を通して生きている。慣行・儀礼などは学校や教会などと同じイデオロギー装置で、人々はそれに参加しつつ、それらによって変化させられたりして、生きつづける。イデオロギーはこのような形で人々に物質的作用をおよぼす。

## 2　イデオロギー一般の構造

**宗教的イデオロギーをモデルに**　右にみた実践的イデオロギーの一般的性格を念頭におきつつ、さてつぎにイデオロギーの構造と働きをみてみよう。まずアルチュセールの説明を引用することからはじめよう。

「イデオロギーの二重化された反射的な構造は以下の四項目を同時に保証する。

一、諸主体としての諸《個人》によびかけること。

二、かれらを〔大文字の〕主体に従わせること。

三、諸主体〔小文字の〕と主体〔大文字の〕とのあいだにおける、また諸主体自身のあいだにおける、相互的承認、さらに究極的には主体の自分自身による承認。

四、こうしてすべてはうまくいく。また諸主体はかれらが何者であり、したがって何者として振舞っているかを知っているという条件ですべてにうまくいく、つまり《かくあれかし〔アーメン〕！》となることの絶体的保証。」（前掲書）

この文章について予備的な注意をしておきたい。文章の中に大文字の主体と小文字の諸主体がでてくるし、アーメン！が出てきたりしているように、アルチュセールは明らかに宗教的イデオロギーをモデルにしている。実践的イデオロギーは、宗教イデオロギーそのものではないが、性格からして宗教的である。逆に宗教イデオロギーは本質的に実践的イデオロギーの本性を保存しているといえようか。いずれにしても、人々は日常生活の中でいわば原宗教的に生きており、それだけに宗教的イデオロギーをモデルにすることは大変現実味をもっているといってよい。

**「主体」・「個体」と「よびかけ」**　さて、イデオロギーの働きのプロセスに登場する項目に注意しよう。大文字の主体、小文字の主体、個体、が主な役者であり、それら相互の働きを示すコトバは、よびかけ、相互承認、自己承認、である。項目と働きに注目しつつ、右の文章を別の言い方で解説してみる。

主体と個体（個人）という似たコトバがでているが、別種の用語とみなければならない。アルチュセールによると「主体」は近代主義的イデオロギーのコトバである。個体こそ現実的である。個体を「主体」に変形することに、イデオロギー作用の要素がある。日常生活では、私たちは自分（個体）を「私」―「主体」（何の誰兵衛として）とはじめからみなしてしまっている。日常生活ではつねに「主体」があり、真に現実的な個体はかくされてしまう。個人がかくされ、主体が前景に出てくる様子がイデオロギーの働きで示される。

個体を主体へと形成（変形）し、主体がイデオロギーを構成していくイデオロギーの構造化作用を起動させるものが、「よびかけ」(アンテルペラシオン)である。「よびかける」とは、例えば、「おいこら、そこのおまえ!」(おまわり)、「はい、私ですか?」(私はふりかえる)とか、「汝、罪深きものよ!」(神ないし牧師)などの場面をおもえばよい。「よびかけ」は、「誰何《すいか》」(おまわり)、「審問」(裁判官、神の代理人)といった「裁き」のひびきをもっている。

**個体を主体に変える**

この「よびかけ」を起動力にしてイデオロギー過程がどう動くのか。「よびかけ」は二重に働く。ひとつは、大主体(主人、神)の小主体(臣下、しもべ)への「よびかけ」、もうひとつは諸主体間の「よびかけ」である。まず大主体が小主体へよびかけて、現実的個体が小主体へとつくりかえられる。例えば「おいこら、おまえ!」とよびかけられた個体としての私が「主体」としての「私」になる。「おまえ!」は不特定の誰かへのよびかけであったのに、「ふりかえり」によって私は個体から「私—主体」になってしまう。はっと我にかえり、オレはオレだったと気づく。ついで、主体となった小主体が互いによびかけあって(諸主体の相互承認)、最後に小主体が自己によびかける(各人の自己承認、自己確認)。

「よびかけ」から出発する個体の主体への転形過程、すなわちイデオロギーの形成過程は、「まず—ついで—最後に」と機械的に動くわけではない。説明の便宜上分けてのべたが、実際には、よびかけと同時にすべてが生誕する。よびかけというモーターが始動するとイデオロギーの構造の諸モメントが瞬間的に構造化すると考えた方がよい。いずれにしても、「オレはオレだ、オレは自分が何者であるかを知っている」という自覚的主体が自明になる以前に、個体から主体への無自覚的形成過程が横たわっている。

こうして、アルチュセールは、主体―自己意識の自立化の自明性を背後で支えるかくされた構造をあばいたのである。無自覚的であるがゆえに意識にかくされる構造、これが実践的イデオロギーであり、社会生活のもっとも奥まった場面である。

「よびかけ」は、日常生活のあらゆる場面にみられる。すでにふれた「誰何」・「審問」のレベルから、経済的交換＝取引、政治や宗教のさまざまのレベル、さらには家庭内で働いている。社会関係の総体は、さまざまの「よびかけ」の総体で動いており、そのなかで諸個体はそのつどすでに諸主体になる。逆に、現実的個体の現実的生活を発見しようとすれば、「主体の自明性」という強力なイデオロギー作用をうちこわさねばならない。科学的態度とは、イデオロギーの働きと全面的に対決する戦闘態勢をとることでもある。

## 3　国家のイデオロギー装置

**伝統的マルクス主義の国家論**　右にみたようなイデオロギーの一般理論は国家理論の再建に向けて具体化される。「国家」なるものは、諸々の制度論のレベルならともかく、原理的に探求

演説する
レーニン

しようとするときわめて謎めいてくる。私たちの日常生活も全面的に国家的生活であるともいえるほど、国家と市民生活は不即不離であるが、さてその関係はどうなっているのか。これが国家理論の要点となる。アルチュセールの国家論は、イデオロギー論を媒介にして、伝統的マルクス主義の欠陥をのりこえようとするものである。

伝統的マルクス主義の国家理論はどうであったか。ふつう、マルクス主義の国家論は、マルクスの『共産党宣言』、『フランスにおける階級闘争』、『ルイ＝ボナパルトのブリュメール一八日』、『フランスの内乱』などにちりばめられた国家（とくに近代ブルジョア国家）の記述をもとにして論じられてきた。とくにレーニンの『国家と革命』は、マルクスやエンゲルスの説明をたくみに整理してマルクス主義国家論の模範を示している。レーニンに代表されるマルクス主義国家論の眼目は、要点のみをぬき出して示すと、国家とは物理的＝抑圧的装置である、というテーゼにある。例えば、議会、裁判所、警察、軍隊などの諸制度は、労働者階級を中心とする被抑圧階層の側からみれば、いつも物理的抑圧装置としてたちあらわれる。

近代市民社会の巨視的な歴史の流れからながめれば、近代国家は、つねに「ブルジョアジー独裁」の国家であり、国家をつくり上げている種々の制度はブルジョアジーのための、ブルジョアジーによる抑圧制度であったということができる。これは経験的事実であり、まちがいのないところである。けれども、伝統的マルクス主義の国家論は、この経験的事実をそのまま記述する形でつくられている。アルチュセールは、これまでの国家理論を「記述的な理論」として特徴づけている。記述的「理論」は、まだ真の理論ではない。

アルチュセトルは、記述的「理論」にとどまる国家論を科学的な理論へと移行させようとする。そこに、かれのイデオロギー論が生きるのである。アルチュセールの国家理論の骨子をたどってみよう。

## 国家権力と国家装置

国家は、二つの層に分れる。第一に国家権力、第二に国家装置（国家＝国家権力＋国家装置）。この単純な区分が実は重要な意味をもっている。これまでの国家の歴史においては、二つは不可分一体で、装置は権力分割的に表現され、権力は諸装置を統轄するだけでなく、一方がつよまれば他方もつよまるというふうに、共に手をたずさえて巨大化してきた。むしろ二つを区別する方がおかしいくらいである。ところで、歴史的に生起したものは必ず死滅する。国家が死滅するとすれば、その死滅のプロセスを理解するために、右の区分は大いに手がかりになる。この点はあとでまたふれることにして、まずは国家装置について考えてみよう。

国家装置は、これまでの記述的「理論」が確認しているように、抑圧装置である。だが抑圧装置がどのように働くのか、これを理論的に説明しなければならない。アルチュセールの着眼は、抑圧的国家装置を「国家のイデオロギー装置」として定義し、国家装置の抑圧機能の最も重要な側面をイデオロギー性に求めた。物理的抑圧機能が軽視されるのではない。抑圧装置が物理的に働きうるためにも、イデオロギー装置を通過しなくてはならない、という抑圧力の物理性とイデオロギー性の相互作用を解明することが問題である。もしも国家装置が単なる赤裸々な物理的・制度的抑圧装置にすぎないのなら、国家（権力）そのものはとうてい維持されないし、いわゆる市民社会も持続することができないだろう。

右にみたように、国家装置は、第一に物理的＝暴力的な抑圧装置と、第二に国家のイデオロギー装置とからなる。アルチュセールの国家理論への貢献は、国家のイデオロギー装置の機能を解明したことである。具体的にイデオロギー装置を列挙しておくと——宗教的装置（教会制度）、教育的装置（公立・私立の学校制度）、家族的装置、法律的装置、政治的装置（政党など）、組合的装置（労働組合など）、情報的装置（新聞、ラジオ、テレビなど）、文化的装置（文学、美術、スポーツなど）。政府・議会・軍隊・裁判所などの国家の抑圧的装置はひとつの統一的な国家制度として法的にまとめ上げられているのに対して、イデオロギー装置はいわば国家の諸制度を除くすべてであり、市民社会にのめりこんでさえいる。複数のイデオロギー装置はいわばバラバラであり統一性は外見上ない。しかし、バラバラにみえるものが一体となってイデオロギー機能を果たすとき、抑圧装置がなめらかに進行しはじめる（アルチュセール『国家とイデオロギー』三三―四〇ページを参照）。

**イデオロギー装置の社会的機能**　つぎに、国家のイデオロギー装置の社会的機能にふれておきたい。第一――イデオロギー装置は、生産諸関係―社会諸関係（とくに階級関係）の再生産プロセスを維持する。

近代経済社会は国家から「自立して」運動することに歴史的独自性をもっているといわれる。近代社会では、近代以前の諸社会とちがって、国家の抑圧装置がもろに介入することはない。市場経済の「自動機構」といわれるゆえんである。しかし、経済的生産関係（階級関係）が「自動的に」再生産されるというのは、それなりの根拠をもつにしても厳密には幻想でしかない（自由主義経済のイデオロギー）。

経済の「自立性」は、さまざまの「実践的イデオロギー」や理論的イデオロギーに支えられており、このイデオロギーを介して「政治審級」（領域）が介入してくる。第一に、当事者たちの最も身近かな「実践的イデオロギー」（「物が価値をもつ」というフェティシズム）、第二に、当事者たちが自覚的に自由にして平等な「主体」と信ずる「理論的イデオロギー」（自由・平等・功利主義その他は、基本的に政治的・法的イデオロギーである）、この二層のイデオロギーは国家のイデオロギー装置によってたえず再生産され分泌されているのである。「自立的」経済制度もイデオロギー装置に依存しているわけである。

第二――イデオロギー装置は、近代市民社会と国家との分離の再生産を維持・保証する。

今しがたみたように、近代の歴史的特徴は、国家と市民社会との分離、市民社会の国家からの自立であった。この分離と自立は両者が全く無縁になることではなく、ただ赤裸々な国家装置の介入がなくなることであった。社会全体の動きが円滑に進行するためには、外見上の「分離と自立」が再生産され、維持されつづける必要がある。まさにイデオロギー装置がこの分離の再生産を担当する。

分離の再生産装置はどう動くのだろう。デモクラシーを例にとろう。近代デモクラシー国家は、デモクラシー（民主主義）というイデオロギー（実践的にして理論的なイデオロギー）によって「全人民の国家」になる。なぜかといえば、イデオロギー装置（家庭、学校、出版物など）によって諸個人はたえず「近代的法主体」へと転形され再生産される、と同時に階級関係がかくされ、抹消されるからである。現実的諸個人は特定の階級に属するはずだが（資本家、労働者、小市民、農民）、イデオロギー装置は諸個人をすべて観念の上で（イデオロギーの上で）いちように自由・平等な法的「主体」にしてしまう。ブルジョアもプロレタリアもそれぞれ一個の自由・平等な「主体」であること、これをお互いに承認しあうようにさせるのがイデオロギー装置である。

現実的・物質的な階級関係を観念的・想像的に消し去ること、同時に法的「主体」を観念的・想像的に生産し再生産すること、これこそイデオロギー一般の働きであり、国家のイデオロギー装置もそのように働く。

近代市民社会（とくに経済社会）は、イデオロギー装置による階級関係の抹消によって「自立した」社会になり、自由・平等な人格のデモクラシー社会になる。イデオロギー装置のおかげで、国家の抑圧装置はわざわざ市民社会に手を下しつづける手間がはぶける。こうして分離は完成し、再生産される。

以上がアルチュセールの国家論、とくに「国家のイデオロギー装置」論の骨子である。この理論に、現代国家の具体的な科学的研究のための有力な手引きとして多くの研究者に歓迎されている。研究の稔り豊かな成果は、なお今後に期待されているところである。

# むすび

**実践的課題**　私たちは、アルチュセールの課題意識の探索から始まって、かれの育った思想環境を垣間《かいま》見つつ、かれの基本的な仕事の場面に立ち会ってきたところである。本書がねらったことは、アルチュセールの思想と仕事を大筋において観望できるように、中心的な論題を配置することであった。なお研究すべき重要な事柄も残されているが、それらはあまりに専門的な詮索《せんさく》の部類に属すると思われる。

ようやく本書の終わりにたどりついた段階になって、やはり一言ふれておくべき論題が残されている。それは、ルイ゠アルチュセールの実践的構えである。かれの思想上の仕事につきまとう実践的課題意識については、すでに本書の最初の部分でもわずかながら言及されていた。ここでもういちど、この問題を再考しておきたい。

実践というコトバはかなり広い意味あいをふくむので誤解をまねきやすいが、ここでいう実践とはアルチュセールが具体的な政治活動にコミットするといったことではない。哲学者として、理論家として、現実に展開する社会的・政治的諸問題にどんな態度表明をするか、いいかえれば、現実の実践問題を思想の課題としてどう受けとめひきうけるか、こうしたことを一応実践的態度とよんでおこう。

アルチュセールの実践的態度表明がはっきりと出ている文言にもとづいて二つの事柄にふれておきたい。

**理論における階級闘争**　第一——理論における階級闘争。

アルチュセールによると、哲学なるものは、マルクス主義的であろうとなかろうと、つねに政治と科学との中間にあり、どちら側にも吸収されつくされないが、どちら側からも自立できないというかなり居心地の悪い領域である。それだけにより一層きびしく、哲学は自己の立場表明をせまられる。哲学には中立が許されない。アルチュセールはマルクス主義哲学者としてははっきり態度表明を宣言する。あらゆる観念論に対して唯物論の立場の宣言である。

こうして、古来の二大対立がきわめて明示的にかつ図式的に前景におし出される。観念論か唯物論か。それは実に哲学の学説上の争いであるばかりでなく、根本的には政治的対決である。政治はつねに階級闘争であるのだから、「観念論か唯物論か」は、哲学（イデオロギー的理論）における階級闘争の表現である。マルクス主義者は、唯物論者として、「理論における階級闘争」をさけることができないし、むしろそれに積極的に参加しなくてはならない。このような見地から、アルチュセールは、哲学固有の領域内で、この意味での実践（理論上の階級闘争）をわが身にひきうける。哲学における階級闘争とはどういう仕方でおこなわれるのか。科学的認識の前進を何よりも重視するアルチュセールは、科学に味方するのか否か、科学を真実に援助するのかイデオロギー的に利用するのか、という争点を提出する。哲学的実践において、古来、つねに、科学が焦点であり賭の対象になってきたが、今やますますそうである。

前にみたように、科学はつねにイデオロギーに包囲されている、いやむしろ科学の内部にもイデオロギー的思考が浸みこんでいる。科学的言説の中には、真に科学的概念とイデオロギー的用語が分ちがたく存在している。アルチュセールの定式をつかうと、科学的認識は、唯物論的要素（科学的概念）と観念論的要素（イデオロギー的用語）から成る。科学者の意識の内では必ずしも両者は区別されておらず、いずれも科学的とみなされている。二つを区分けするのは、科学哲学者の実践的介入による。そこで、唯物論者の課題は、科学的認識をはばむ観念論的要素（いつも支配的な観念）――「認識論的障害物」――を排除して、唯物論的要素（いつも被支配的な位置にある）を勝利させるように、努力することである。科学のために道をはき清めることが、唯物論者の仕事だといってよい（アルチュセール『科学者のための哲学講義』福村出版、参照）。

このことは、事実上、私たちが「理論的実践」の項でみたことと同じである。ちがいがあるところは、唯物論哲学の仕事がたんに弁証法的理論をつくることに尽きるのではなくて、それを土台にして理論上の階級闘争という「新しい哲学的実践のスタイル」を実行することが強調されていることだ。ここには、アカデミックな書斎派的スタイルから脱け出て、眼前に展開する思想的・イデオロギー的闘いに参加しようとする近年のアルチュセールの姿勢がよく出ている。

アルチュセールは、一九六〇年後半から、このような実践的態度をつよく示すようになった。この態度は、哲学講義だけにとどまらず、現実の政治へ積極的批評を加えることの中にも示されている。政治への発言を極力ひかえてきたアルチュセールにとっては、ひとつの大転換を意味している（アルチュセール『自己批判』福村出版を参照）。

以前にはかなり抽象的な形で、いわばおずおずとスターリン主義批判に手をつけていたにすぎなかったのにたいして、今や積極的に大胆にスターリン主義を批判の俎上《そじょう》にのせるにいたってもいる（アルチュセール「終った歴史、終りなき歴史」、D・ルクール著『ルイセンコ』への序文）。

現在、ヨーロッパでは「スターリン主義問題」が大きな問題として登場し、ようやく歴史科学的批判による処理にゆだねられようとしているが、アルチュセールの発言も大きな反響をよびつつあるようだ。

**マルクス主義思想の原則**　第二――「マルクス主義思想の原則、それは階級闘争でありプロレタリアート独裁である。」

このテーゼはきわめて実践的である。思想の営みは、この世界にたいしてどんな態度決定をするかという問いをさけられない。その意味で、思想はつねに実践的である。とりわけマルクス主義のように世直し運動の思想にとっては、実践的原則を曖昧にできない。それは、宗教運動の場合と同じだろう。例えば、神の存在という原則問題を曖昧にすれば、キリスト教は自滅するだろう。マルクス主義思想も原則を曖昧にすると自滅する。

アルチュセールが現在心配していることは、西欧マルクス主義が思想の原則を曖昧にしはじめていることである。マルクス主義の思想と運動の現状への強烈な批判が、先のテーゼである。プロレタリアートの階級闘争、革命過程におけるプロレタリアート独裁――このコトバは世界中で大いに評判が悪いけれども、これ以外のどこにマルクス主義思想の原則を求めればよいのか、こうアルチュセールは問いかけている。

プロレタリアートなどもうどこにもいないのではないか。ましてや「プロ独裁」などは時代遅れで現在の時勢に合わない、などといった批判も大いにありうる。今、西ヨーロッパのいくつかの共産党の内部で論争されていることは、基本的には「思想の原則」をどこに求めるかの問いをめぐって展開しているといってよいだろう。プロレタリアートとその独裁がダメになる、それに代わる原則とは一体何なのか。アルチュセールに反対する人々は、それに応えねばなるまいし、他方アルチュセールやかれに味方する人々は、現代における「プロレタリアート」とは誰であり、「プロレタリアート独裁」とは具体的にどんな実践なのかという問いにはっきりと応答する努力が要求されよう。

私がアルチュセールの「原則」提示にたいして高い評価を与えているのは、かれのテーゼそのものよりも、思想には決してゆるがせにできぬ根本原則があること、原則は時勢に応じてとりかえうるものでなく人々の生き死ににかかわること、とくに世直しを主張する思想と運動には非妥協的な根本原則がすべてを決すること、といったことに人々の注意を喚起したことである。原則を曖昧にすることが世の常であり、今も流行しているが、それだけに誠実に思索するひとは、思索の土台と根もとをたえずふりかえるのでなくてはならない。思想するとは、このこと以外にあるだろうか。

×　　×　　×

以上をもってアルチュセールの思想の骨組み全体を考察し終えた。ひとりの誠実な思索者として、マルクス主義を選びとった実践的思想家として、未開拓の分野に挑戦した知的冒険者を、アルチュセールのなかによみとっていただければ幸いである。

本書は、マルクス主義を宣伝する書物ではないが、アルチュセールを通じて、ともすれば軽視されがちなマルクスの仕事の意味をもくみとっていただけるなら、本書は小なりとはいえ大著に劣らぬ役割を果たしたことになる。ひとえに読者の「読むこと」への参加を祈るばかりである。

# あとがき

私は、アルチュセールの思想や理論上の仕事をできるかぎり客観的に再現すべく努めたつもりである。けれども、私が目ざしたことは、アルチュセールの理論的なコトバそのものを知ってもらうことではなく、かれの思索の仕方、思想するときの態度とか構え方、を読者に伝えることであった。アルチュセールのいささか抽象的でしちめんどうくさい理論を追求したのも、それを通して思索することとそのことを読みとっていただくためであった。この意図がうまくいったかどうかは、読者の御判断に委ねるほかはない。

なお、アルチュセールには、思想史家としての仕事がいくつかあるが、本書の方針から少しずれるので一切省略した。その仕事も日本語訳がなされているので、興味のある方は読んでいただくことを希望する。これらもあわせて、以下にアルチュセールの著作目録と参考文献を挙げておく。

**アルチュセールの著作**

1　『甦えるマルクスⅠ・Ⅱ』（河野健二・田村俶訳）人文書院。原題は『マルクスのために』

2 『資本論を読む』（権寧・神戸仁彦訳）合同出版
3 『科学者のための哲学講義』（西川長夫・阪上孝・塩沢由典訳）福村出版
4 『レーニンと哲学』（西川長夫訳）人文書院
5 『歴史・階級・人間――ジョン・ルイスへの回答』（西川長夫訳）福村出版
6 『国家とイデオロギー』（西川長夫訳）福村出版
7 『自己批判――マルクス主義と階級闘争』（西川長夫訳）福村出版
8 『政治と歴史――モンテスキュー・ルソー・ヘーゲルとマルクス』（西川長夫・阪上孝訳）紀伊國屋書店
9 『第二二回大会――プロレタリアート独裁・社会主義・国家・民主集中制』（加藤晴久訳）――これはエチエンヌ＝バリバール『プロレタリア独裁とは何か』（加藤訳）新評論に収められている。
10 『共産党内でこれ以上続いてはならないこと』（加藤晴久訳）新評論
11 「終った歴史、終りなき歴史」（邦訳なし。これはドミニク＝ルクール『ルイセンコ』への序文である。）

**アルチュセールの関連書**

1　今村仁司『歴史と認識――アルチュセールを読む』新評論
2　E・バリバール『史的唯物論研究』（今村仁司訳）新評論
3　G・モリナとY・ヴァルガス『革命か改良か』（山辺雅彦訳）新評論
4　澤瀉久敬編『現代フランス哲学』雄渾社（とくにG・バシュラールとG・カンギレームの項）
5　澤瀉久敬編『フランスの哲学』第3巻　東大出版会（とくにバシュラールの項）

# アルチュセール参考年表（社会思想史年表）

| 西暦 | 思想家及びアルチュセール | 思想家たちの作品 | おもな出来事 |
|---|---|---|---|
| 一七七〇 | ヘーゲル（〜一八三一） | ドルバック『自然の体系』／ハーマン『言語の起源について』 | |
| 七一 | ロバート＝オーエン（〜一八五八） | | |
| 七二 | シャルル＝フーリエ（〜一八三七） | ヘルダー『言語起源論』／エルヴェシウス『人間論』 | 第一次ポーランド分割 |
| 七三 | | ディドロ『運命論者ジャック』／ヘルダー『ドイツの芸術』 | ロシア、プガチョフの反乱 |
| 七四 | | ディドロ『ラモーの甥』／ゲーテ『若きウェルテルの悩み』 | |
| 七五 | | ボーマルシュ『セビリアの理髪師』 | |
| 七六 | ヒューム没（一七一一〜） | ギボン『ローマ帝国の盛衰』／スミス『国富論』 | アメリカ独立宣言 |
| 七七 | | | ドイツ、バイエルン継承戦争 |
| 七八 | ルソー没（一七一二〜） | | |

| | | | |
|---|---|---|---|
| 一七七九 | ヴォルテール没（一六九四〜） | レッシング『賢人ナータン』 | |
| 八〇 | | ベンサム『道徳及び立法の原理序説』／レッシング『人類の教育』 | |
| 八一 | レッシング没（一七二九〜） | カント『純粋理性批判』 | |
| 八三 | ダランベール没（一七一七〜） | カント『プロレゴーメナ』 | 米、独立戦争終わる |
| 八四 | ディドロ没（一七一三〜） | カント『世界市民の立場からの一般史』／ヘルダー『人類史の哲学』 | |
| 八五 | | カント『道徳形而上学原理』 | カートライト、力織機発明 |
| 八七 | | ベンサム『高利の擁護』 | |
| 八八 | | カント『実践理性批判』／シェイエス『第三階級とは何か』 | |
| 八九 | | プライス『祖国愛について』／ラヴォワジェ『化学要論』 | フランス革命 |
| 九〇 | アダム＝スミス没（一七二三〜） | バーク『フランス革命についての考察』 | |
| 九一 | | ベンサム『パノプティコン』 | フランス革命政府、国有財産廃止 |
| 九三 | | ゴドウィン『政治的正義』 | ルイ16世処刑、ジャコバン独裁始まる |

| | | | |
|---|---|---|---|
| 一七九四 | | コンドルセ『人間精神進歩史』／フィヒテ『全知識学の基礎』 | |
| 九五 | | カント『永久平和のために』 | 仏、総裁政府成立 |
| 九六 | | フィヒテ『自然法の基礎』 | ナポレオン、イタリアで大勝 |
| 九七 | | シェリング『自然哲学考』 | バブーフ、平等党の反乱を計画 |
| 九八 | オーギュスト＝コント（～一八五七） | カント『人間学』／マルサス『人口論』 | ナポレオン、エジプト遠征 |
| 九九 | プーシキン（～一八三七） | シラー『ワレンシュタイン』 | ブリュメール18日 |
| 一八〇〇 | | スタール『文学論』／フィヒテ『封鎖商業国』 | ナポレオン、オーストリア軍を撃破 |
| 〇一 | | シラー『オルレアンの処女』 | |
| 〇二 | | シャトーブリアン『キリスト教神髄』 | |
| 〇三 | | セイ『政治経済学』／ランカスター『勤労階級の教育の改善』 | ナポレオン法典 |
| 〇四 | | シラー『ウィルヘルム＝テル』 | ナポレオン皇帝となる |
| 〇五 | | | ナポレオン戦争始まる |
| 〇六 | J・S・ミル（～一八七三） | ヘルバルト『一般教育学』 | |
| 〇七 | | ヘーゲル『精神現象学』 | 普、シュタインの改革 |

| | | | |
|---|---|---|---|
| 一八〇八 | | フーリエ『四運動の理論』／フィヒテ『ドイツ国民に告げる』 | |
| 〇九 | プルードン(～一八六五) | | |
| 一〇 | | スタール『ドイツ論』／ミュラー『国家学要綱』 | ベルリン大学創立 |
| 一一 | | ニーブール『ローマ史』 | 英、ラダイトの機械破壊運動 |
| 一二 | ゲルツェン(～一八七〇) | ヘーゲル『論理学』第一巻第一冊 | ナポレオン、ロシア遠征に失敗 |
| 一三 | | オーエン『新社会観』 | ナポレオン、ライプツィヒに敗れる |
| 一四 | バクーニン(～一八七六) | | ナポレオン、エルバ島に流される |
| 一五 | | サヴィニー『現代における立法と法学の使命』『中世ローマ法史』 | ナポレオン、ワーテルローの戦いに敗れる |
| 一六 | | | 英、経済恐慌 |
| 一七 | | リカード『経済学および課税の原理』 | 独、ブルシェンシャフトの運動 |
| 一八 | マルクス(～一八八三) | ショーペンハウアー『意志と現象としての世界』 | 独、学生運動激化 |

| | | | |
|---|---|---|---|
| 一八一九 | | シスモンディ『経済学新原理』 | |
| 二〇 | エンゲルス(〜一八九五) | マルサス『経済学原理』 | 独、プロイセン政府の反動化 |
| 二一 | | オーエン『ラナーク州への報告』／ヘーゲル『法の哲学』 | ギリシア独立戦争(〜二九) |
| 二二 | | フンボルト『歴史記述者の課題』 | |
| 二三 | | サン＝シモン『産業者教理問答』／ティエール『フランス革命史』 | 米、モンロー宣言 |
| 二四 | | トムソン『分配論』／ランケ『ローマおよびゲルマン諸民族の歴史』 | 英、団結禁止法廃止 |
| 二五 | サン＝シモン没(一七六〇〜)<br>ラサール(〜一八六四) | サン＝シモン『新キリスト教』／ホジスキン『労働擁護論』 | ロシア、デカブリストの乱 |
| 二六 | | | 仏、鉄道開通 |
| 二七 | | ギゾー『ヨーロッパ文明史』／ユゴー『クロムウェル』 | |
| 二八 | | ギゾー『近代史』 | 露土戦争始まる |
| 二九 | | ギゾー『フランス文明史』／フーリエ『産業と連帯の新世界』 | ヨーロッパにコレラ大流行 |
| 三〇 | | コント『実証哲学講義』 | 仏、七月革命、ルイ＝フィリップ王となる |

| | | | |
|---|---|---|---|
| 一八三一 | | プーシキン『ボリス・ゴドノフ』／J・S・ミル『時代の精神』 | |
| 三二 | ゲーテ没（一七四九〜）<br>ベンサム没（一七四八〜） | オースティン『法学の領域』 | 英、選挙法改正 |
| 三三 | | ミシュレ『フランス史』 | 英、工場法成立 |
| 三四 | マルサス没（一七六六〜） | ランケ『法王史』 | |
| 三五 | | シュトラウス『イエスの生涯』／トクヴィル『アメリカにおける民主主義』 | |
| 三六 | ゴドウィン没（一七五六〜） | オーエン『新道徳世界の書』／ヘーゲル『哲学史』 | 仏、ティエール内閣 |
| 三七 | | ヘーゲル『歴史哲学』 | 英、ヴィクトリア女王即位 |
| 三八 | | ヘーゲル『美学』 | 英、チャーチスト運動 |
| 三九 | | ダーウィン『ビーグル号航海記』／ランケ『宗教改革史』 | ブランキ、季節社の反乱 |
| 四〇 | | プルードン『財産とは何か』／サント＝ブーヴ『ポール・ロワイヤル』 | 仏、ギゾー内閣<br>アヘン戦争 |
| 四一 | | フォイエルバッハ『キリスト教の本質』／リスト『経済学の国民的体系』 | |
| 四三 | | フォイエルバッハ『将来哲学の根本問題』／ | |

| | | |
|---|---|---|
| 一八四四 | ミル『論理学体系』／マルクス『ユダヤ人問題』『ヘーゲル法哲学批判序説』 | |
| 四五 | エンゲルス『イギリスにおける労働者階級の状態』／マルクス、エンゲルス『聖家族』『ドイツ・イデオロギー』／シュティルナー『唯一者とその所有』 | |
| 四六 | プルードン『貧困の哲学』 | 英、穀物法の廃止 |
| 四七 | マルクス『哲学の貧困』／コンシデラン『社会主義の原理』 | 英、10時間労働法制定 |
| 四八 | マルクス、エンゲルス『共産党宣言』／ミル『経済学原理』 | 仏、二月革命<br>独、三月革命 |
| 四九 | マルクス『賃労働と資本』／ワイトリンク『自由と調和の保証』 | |
| 五〇 | マルクス「新ライン新聞」「政治経済評論」を発行 | 共産主義同盟分裂 |
| 五二 | コント『実証政治学体系』／マルクス『ブリュメール十八日』 | ナポレオン三世、即位 |
| 五三 | | クリミア戦争（〜五六） |
| 五四 | グリム『ドイツ語辞典』 | |

| | | | |
|---|---|---|---|
| 一八五六 | | フローベール『ボヴァリ夫人』／ボードレール『悪の華』 | |
| 五九 | | マルクス『経済学批判』／ミル『自由論』／ワルラス『政治経済と正義』 | |
| 六一 | | ラサール『既得権の体系』 | 米、南北戦争（〜六五） |
| 六二 | | ラサール『労働者綱領』 | |
| 六三 | | ミル『功利主義』 | |
| 六四 | ウェーバー（〜一九二〇） | トルストイ『戦争と平和』 | 第一インターナショナル創立 |
| 六五 | | プルードン『労働者の政治的能力』／マルクス『賃金、価格および利潤』 | |
| 六六 | | ドストエフスキー『罪と罰』／ランゲ『唯物論史』 | |
| 六七 | | マルクス『資本論』第一巻／バジョット『イギリスの国家構造』 | ノーベル、ダイナマイト発明 |
| 六八 | | ワルラス『社会理論の研究』 | 明治維新 |
| 六九 | | ハルトマン『無意識の哲学』／フローベール『感情教育』 | ドイツ社民党創立 |
| 七〇 | レーニン（〜一九二四） | | 普仏戦争 |
| 七一 | | ダーウィン『人間の発生』／バクーニン『鞭のゲルマン帝国と社会革命』／イェーリング | パリ－コミューン |

| | | |
|---|---|---|
| | 『権利のための闘争』／マルクス『フランスの内乱』 | |
| 一八七二 | バジョット『自然科学と政治学』 | 第一インターナショナル、ハーグ大会 |
| 七三 | バクーニン『国家とアナーキー』／ランボー『地獄の季節』／バジョット『ロンバード街』 | |
| 七四 | ワルラス『純粋経済学要論』 | |
| 七五 | マルクス『ゴータ綱領批判』 | |
| 七六 | スペンサー『社会学原理』 | |
| 七八 | ニーチェ『人間的、あまりに人間的』 | |
| 七九 | スペンサー『倫理学原理』／ベーベル『女性と社会主義』 | フランス社会主義労働党の創立 |
| 八〇 | ヴント『論理学』 | |
| 八一 | ランケ『世界史』 | |
| 八二 | バクーニン『神と国家』 | |
| 八三 | モーパッサン『女の一生』／ニーチェ『ツァラトゥストラ』／メンガー『社会科学方法論』 | |
| 八四 | ベーム＝バウエルク『資本と資本利子』 | フェビアン協会創立 |
| 八五 | マルクス『資本論』第二巻 | |
| 八六 | ヴント『倫理学』／ニーチェ『善悪の彼岸』 | |

| | | |
|---|---|---|
| 一八八七 | テニエス『ゲマインシャフトとゲゼルシャフト』／ニーチェ『道徳の系譜学』 | |
| 八九 | ベルグソン『意識に直接あたえられたもの』 | |
| 九〇 | フレーザー『金枝篇』／マーシャル『経済学原理』／ジンメル『社会分化論』 | ビスマルク引退 |
| 九二 | カウツキー『エルフルト綱領』 | |
| 九三 | モリス、バックス『社会主義、その発展と成果』 | 英、独立労働党組織 |
| 九四 | マルクス『資本論』第三巻／ホブスン『近代資本主義の発展』／モリス『社会主義についての手紙』 | 日清戦争 |
| 九六 | ゾンバルト『社会主義と社会運動』／リッケルト『自然科学概念構成の限界』 | |
| 九七 | バルト『社会学としての歴史哲学』 | |
| 九九 | レーニン『ロシアにおける資本主義の発展』／ベルンシュタイン『社会主義の諸前提と社会主義の諸任務』 | ブーア戦争(〜一九〇二) |
| 一九〇〇 | ナウマン『民主主義と帝制』／フロイト『夢の解釈』／フッサール『論理学研究』 | 義和団事件 |
| 〇一 | ショー『百万人のための社会主義』 | 英、タフ-ヴェイル判 |

| | | |
|---|---|---|
| 一九〇二 | レーニン『何をなすべきか』／クロポトキン『相互扶助』 | 決<br>シベリア鉄道完成 |
| 〇三 | ダヴィト『社会主義と農業』 | |
| 〇四 | レーニン『一歩前進・二歩後退』／ウェーバー『社会科学的・社会政策的認識の客観性』 | 日露戦争 |
| 〇五 | マルクス『剰余価値学説史』／ウェーバー『プロテスタンティズムの倫理と資本主義の精神』 | ロシア、「血の日曜日」事件 |
| 〇六 | スターリン『無政府主義か社会主義か』 | 英、労働党結成 |
| 〇七 | ベルグソン『創造的進化』 | |
| 〇八 | ソレル『暴力に関する考察』『マルクス主義の崩壊』 | |
| 〇九 | レーニン『唯物論と経験批判論』 | 英、オズボーン判決 |
| 一〇 | フロイト『精神分析』／ディルタイ『歴史の構造』／レヴィ＝ブリュール『未開の思惟』／フレイザー『トーテミズムと異族結婚』 | |
| 一一 | ジェイムズ『哲学の根本問題』／ディルタイ『世界観の諸類型』 | 中国、辛亥革命 |
| 一二 | クロポトキン『現代科学と無政府主義』／ラ | 第一次バルカン戦争 |

| | | | |
|---|---|---|---|
| 一九一三 | | ッセル『哲学の諸問題』／フロイト『トーテムとタブー』／ブハーリン『金利生産者の経済学』／フッサール『イデーン』／ヤスパース『一般精神病理学』／ルクセンブルク『資本蓄積論』 | |
| 一四 | | | 第一次世界大戦始まる |
| 一五 | | アインシュタイン『一般相対性理論』／フロイト『本能とその運命』『無意識』 | |
| 一六 | | レーニン『資本主義の最高段階としての帝国主義』／カッシーラー『自由と形式』／ルカーチ『小説の理論』 | |
| 一七 | | レーニン『国家と革命』／クローチェ『精神の科学としての哲学』／ジンメル『社会学の根本問題』 | ロシア革命 |
| 一八 | アルチュセール、アルジェリアのビルマンドレイスに生まれる | ジンメル『生の哲学』／シュペングラー『西洋の没落』 | 第一次世界大戦終結 |
| 一九 | (以下はアルチュセールの経歴のみ) | ベルグソン『精神のエネルギー』／ヤスパース『世界観の心理学』／ケインズ『平和の経済的帰結』 | パリ講和会議 |

| | | |
|---|---|---|
| 一九二〇 | デューイ『哲学の改造』 | 国際連盟成立 |
| 二一 | シェラー『人間における永遠なるもの』／ケインズ『確率論』／ヴィトゲンシュタイン『論理哲学論考』 | ソ連、ネップを開始<br>中国共産党結成 |
| 二二 | デューイ『人間性と行為』／ベルグソン『持続と同時性』／ルカーチ『歴史と階級意識』 | イタリア、ムッソリーニ登場 |
| 二三 | カッシーラ『象徴形式の哲学1言語』 | 関東大震災 |
| 二四 | デュルケーム『社会学と哲学』 | |
| 二五 | ラスキ『政治学大綱』／カッシーラ『象徴形式の哲学2神話』 | 中国、五・三〇事件 |
| 二六 | ホワイトヘッド『科学と近代世界』／マリノフスキー『未開社会における犯罪と慣習』 | |
| 二七 | ハイデガー『存在と時間』／ライヒ『オルガスムの機能』 | |
| 二八 | フッサール『内的時間意識の現象学』／マリノフスキー『未開人の性生活』 | ソ連、第一次五カ年計画開始 |
| 二九 | フッサール『形式論理学と先験的論理学』／カッシーラ『象徴形式の哲学3認識』 | 世界大恐慌始まる |
| 三〇 | オルテガ『大衆の反逆』／リッケルト『述語の論理学』 | 独、ナチス勢力拡張 |

| | | | |
|---|---|---|---|
| 一九三一 | | デューイ『倫理学』／ヤスパース『現代の精神的状況』／レーヴィット『ウェーバーとマルクス』 | 満州事変 |
| 三二 | | バシュラール『瞬間の直観』／ベルグソン『道徳と宗教の二源泉』 | 上海事変 |
| 三三 | | ライヒ『ファシズムの大衆心理』『性格分析』／ライキ『危機にたつ民主主義』 | 独、ナチス政権獲得<br>米、ニューディール政策 |
| 三四 | | ポパー『探究の理論』／トインビー『歴史の研究』（〜六一） | 中国共産党の大西遷開始 |
| 三五 | | ヤスパース『理性と実存』／ポパー『科学的発見の論理』 | 伊、エチオピア侵略 |
| 三六 | | バシュラール『持続の弁証法』／サルトル『想像力』／ケインズ『雇傭・利子および貨幣の一般理論』 | 仏、人民戦線内閣成立<br>スペイン市民戦争<br>日本、二・二六事件 |
| 三七 | | バシュラール『火の精神分析』／毛沢東『実践論』『矛盾論』 | 蘆溝橋事件<br>日独伊防共協定 |
| 三八 | | バシュラール『科学的精神の形成』／デューイ『論理学』 | 独、オーストリア併合 |
| 三九 | 高等師範学校入学。直ちに | フッサール『経験と判断』／バシュラール | 第二次世界大戦始まる |

| | | | |
|---|---|---|---|
| 一九四〇 | 召集 | 『ロートレアモン』<br>バシュラール『否定の哲学』／ユクスキュル『意味の理論』 | 日独伊三国軍事同盟<br>仏、ドイツに降伏 |
| 四一 | | マルクーゼ『理性と革命』／レーヴィット『ヘーゲルからニーチェへ』／フロム『自由からの逃走』 | 独、ソ連侵略<br>太平洋戦争始まる |
| 四二 | | メルロ＝ポンティ『行動の構造』／カミュ『シジフォスの神話』／バシュラール『空と夢』 | |
| 四三 | | サルトル『存在と無』／バシュラール『水と夢』／バタイユ『内的体験』 | 伊、連合軍に降伏 |
| 四四 | | カッシーラ『人間論』／バタイユ『有罪者』／ポランニー『大転換』 | 連合軍、ノルマンディ上陸 |
| 四五 | 高等師範学校に復学 | メルロ＝ポンティ『知覚の現象学』／マリノフスキー『文化変化の動態』 | 第二次世界大戦終結<br>サルトル、雑誌『現代』創刊 |
| 四六 | | サルトル『唯物論と革命』／アラゴン『共産主義的人間』 | 国連、第一回総会<br>パリ平和会議 |
| 四七 | | ホルクハイマー・アドルノ『啓蒙の弁証法』／ルフェーブル『日常生活批判』 | コミンフォルム結成 |

| | | | |
|---|---|---|---|
| 一九四八 | 教授資格（哲学）を取得。共産党入党 | メルロ=ポンティ『意味と無意味』／ルカーチ『実存主義かマルクス主義か』『若きヘーゲル』 | 国連、世界人権宣言を採択 |
| 四九 | | レヴィ=ストロース『親族の基本構造』／ボーヴォワール『第二の性』 | 東西ドイツの成立<br>中華人民共和国成立 |
| 五〇 | 高等師範学校で哲学を担当 | ハイデガー『森の道』／モース『社会学と人類学』／ヤスパース『哲学入門』 | 朝鮮戦争おこる |
| 五一 | | カミュ『反抗的人間』 | 日米安保条約調印 |
| 五二 | | レヴィ=ストロース『人種と歴史』／ファノン『黒い皮膚・白い仮面』 | |
| 五三 | | ハイデガー『形而上学入門』／フェーブル『歴史のための闘争』／バルト『零度のエクリチュール』 | 朝鮮、休戦協定成立 |
| 五四 | | ルカーチ『理性の破壊』／ニーダム『中国の科学と文明』／ブロッホ『希望の原理』 | ジュネーヴ協定 |
| 五五 | | メルロ=ポンティ『弁証法の冒険』／レヴィ=ストロース『悲しき熱帯』 | ワルシャワ条約調印<br>ジュネーヴ会談 |
| 五六 | | ハイデガー『哲学とは何か』／ミルズ『パワー・エリート』／マルクーゼ『エロスと文明』 | スターリン批判<br>ハンガリー事件 |
| 五七 | | コイレ『閉じた世界から無限宇宙へ』／スタ | ソ連、世界最初の人工 |

| | | | |
|---|---|---|---|
| | | ロバンスキー『透明と障害』 | 衛星に成功 |
| 一九五八 | | レヴィ＝ストロース『構造人類学』／マルクーゼ『ソヴィエト・マルクス主義』 | 米、人工衛星に成功 |
| 五九 | 『モンテスキュー――政治と歴史』 | ローゼンバーグ『新しいものの伝統』 | キューバ革命 |
| 六〇 | | サルトル『弁証法的理性批判』／メルロ＝ポンティ『シーニュ』 | 日本、安保闘争 |
| 六一 | | フーコー『狂気の歴史』／バシュラール『蠟燭の焔』／メルロ＝ポンティ『眼と精神』 | ソ連、人間衛星に成功 |
| 六二 | | レヴィ＝ストロース『野生の思考』『今日のトーテミズム』／ドゥルーズ『ニーチェと哲学』／ヴィトゲンシュタイン『哲学探求』 | アルジェリア独立 |
| 六三 | | フーコー『臨床医学の誕生』／ハーバーマス『理論と実践』／サルトル『言葉』 | 米、ケネディ大統領暗殺 |
| 六四 | | マルクーゼ『一次元的人間』／セバーグ『マルクス主義と構造主義』 | コンゴ動乱 |
| 六五 | 『資本論を読む』『甦るマルクス』 | フロム編『社会主義ヒューマニズム』 | 米、北ヴェトナム爆撃 |
| 六六 | | ラカン『エクリ』／フーコー『言葉と物』／チョムスキー『デカルト派言語学』 | 中国、文化大革命 |

| | | | |
|---|---|---|---|
| 一九六七 | 『科学者のための哲学講義』 | アドルノ『否定の弁証法』／デリダ『根源の彼方に』『エクリチュールと差異』 | 第三次中東戦争 |
| 六八 | 『資本論を読む』改訂版 | フロム『希望の革命』／ハーバーマス『イデオロギーとしての技術と科学』 | 仏、パリ五月革命<br>チェコ事件 |
| 六九 | 『レーニンと哲学』 | フーコー『知の考古学』／ドゥルーズ『差異と反復』 | ヴェトナム和平拡大会議 |
| 七〇 | | モノ『偶然と必然』／バルト『表徴の帝国』／ドゥルーズ『プルーストとシーニュ』 | |
| 七一 | | フーコー『言語表現の秩序』／サルトル『フローベル論』 | 中国、国連代表権回復 |
| 七二 | | マノーニ『フロイト』 | 日中国交正常化 |
| 七三 | 『ジョン＝ルイスへの回答』 | ゴドリエ『人類学の地平の針路』／バルト『テキストの快楽』 | ヴェトナム和平協定調印 |
| 七四 | 『自己批判の基礎』 | ロベール『エディプスからモーゼへ』 | キプロス紛争 |
| 七五 | | フーコー『監獄の誕生』 | ヴェトナム戦争終わる |
| 七六 | 『立場』 | | |
| 七七 | | | |
| 七八 | | | |
| 七九 | | | |
| 八〇 | | | |

# さくいん

【人名】



【事項】

アルチュセール■人と思想56　　定価はカバーに表示

1980年 9 月25日　第 1 刷発行©
2015年 9 月10日　新装版第 1 刷発行©

・著　者 ……………………………… 今村《いまむら》　仁司《ひとし》
・発行者 ……………………………… 渡部　哲治
・印刷所 ……………………………… 広研印刷株式会社
・発行所 ……………………………… 株式会社　清水書院

〒102-0072　東京都千代田区飯田橋3-11-6
Tel・03(5213)7151～7
振替口座・00130-3-5283
http://www.shimizushoin.co.jp

検印省略
落丁本・乱丁本は
おとりかえします。



CenturyBooks

Printed in Japan
ISBN978-4-389-42056-7

CenturyBooks

## 清水書院の〝センチュリーブックス〟発刊のことば

近年の科学技術の発達は、まことに目覚ましいものがあります。月世界への旅行も、近い将来のこととして、夢ではなくなりました。しかし、一方、人間性は疎外され、文化も、商品化されようとしていることも、否定できません。

いま、人間性の回復をはかり、先人の遺した偉大な文化を継承して、高貴な精神の城を守り、明日への創造に資することは、今世紀に生きる私たちの、重大な責務であると信じます。

私たちがここに、「センチュリーブックス」を刊行いたしますのは、人間形成期にある学生・生徒の諸君、職場にある若い世代に精神の糧を提供し、この責任の一端を果たしたいためであります。

ここに読者諸氏の豊かな人間性を讃えつつご愛読を願います。

一九六七年

清水雄山

SHIMIZU SHOIN